# LES CARACTERES DE L'AMITIÉ,

PAR LE MARQUIS CARACCIOLI,
*Colonel au Service du Roi de Pologne, Electeur de Saxe.*

**NOUVELLE ÉDITION,**
Corrigée & augmentée.

A FRANCFORT, *en Foire*,
Chez J. F. BASSOMPIERRE, Libraire à Liége,
&
J. VANDEN BERGHEN, Libraire à Bruxelles.

*M. DCC. LX.*

# PRÉFACE.

MAlheur à l'ame qui croira ces Caracteres romanesques, & qui ne se reconnoîtra point dans le portrait que nous allons faire de l'Amitié. Nous osons assurer qu'on ne sauroit être véritablement homme, c'est-à-dire, sincere, affable, compatissant, généreux, sans éprouver les sentiments que nous exprimons; mais comme le monde dégénere de plus en plus, & n'écoute que l'amour-propre & l'intérêt, cet arrêt paroîtra ſans doute rigoureux, & peut-être téméraire.

Ceux qui ont lu le magnifique Traité de Cicéron ſur l'Amitié, celui de Mr. de Sacy, & tant d'autres, jugeront cet Ouvrage ſuperflu; mais il y a des vérités qu'il faut répéter aux hommes, pour empêcher la preſcription. Si l'on ne parloit ſouvent des charmes & du beſoin d'un Ami, l'univers, jouet de ſes paſſions, en perdroit le ſouvenir. L'avarice, & l'ambition, les deux grands antagoniſtes de l'Amitié, gagnent tous les jours du terrein, & s'emparent de tous les cœurs.

Que je m'eſtimerois heureux, ſi, après avoir eſſayé de rapprocher les hommes d'eux-mêmes dans quelques Ouvrages de Morale que j'ai travaillés à ce deſſein, je venois à bout de les rendre amis les uns des autres! Mais quelle entrepriſe, & combien le ſuccès n'en eſt-il pas douteux! On réforme l'esprit bien plus facilement que le cœur.

N'importe, il faut consoler les vrais amis par le récit de leurs vertus ; de sorte que si cet Ouvrage n'a pas le mérite d'en augmenter le nombre, il aura, du moins, celui d'en faire connoître le prix. On loue la sagesse, on loue la probité, on loue la tempérance ; pourquoi ne loueroit-on pas l'Amitié ? Mais quelles louanges lui donner ? Son plus bel éloge est son propre portrait.

Regardez donc cette Amitié telle qu'elle eſt, vous qui la chériſſez & qui en faites vos délices, & félicitez-vous de lui avoir donné la préférence ſur l'amour. Voyez comme elle eſt douce & tranquille, comme elle exprime toute la nobleſſe & la généroſité du cœur. Je ſouhaite que mes Lecteurs en appellent à ce témoignage, pour juger de la peinture que j'oſe faire de l'Amitié.

Cette Préface eſt extrêmement courte; les choſes

de ſentiment n'ont pas beſoin d'explication. L'Amitié nous fait trouver en nous-mêmes tout ce que la plus belle éloquence ne pourroit nous dire. Ainſi loin de perdre le temps à définir & à diviſer, parcourons ces Caracteres, & condamnons-nous comme indignes d'être amis, ſi nous ne ſavons pas les exprimer.

# LES CARACTERES DE L'AMITIÉ.

CE ne ſeront, ni de brillantes expreſſions, ni d'aimables ſaillies qui rendront ces réflexions intéreſſantes : j'abandonne cette parure aux Faiſeurs de Romans. L'amitié ne veut point d'efforts ingénieux ; il ſuffit de l'expoſer à nos yeux : toute l'élégance des ornements ne vaudra jamais ſa naïveté; auſſi n'ai-je interrogé que mon propre cœur ; ma plume ſuit ſes mouvements. On eſt ſûr de plaire, quand on puiſe à cette ſource; il n'y a que trop d'Auteurs qui courent après l'eſprit.

Mais comment vous définir, ô précieuſe Amitié ! ſi l'on ne vous donne le beau nom de *Vertu?* Qui mérita mieux cet auguſte titre! Vous appeller ſentiment, c'eſt vous confondre avec l'amour ; vous nommer talent, c'eſt vous ſuppoſer production de l'eſprit ; vous croire une paſſion, c'eſt vous deſhonorer. Jouiſſez donc à jamais de la qualification de *Vertu :* vous en exprimez les traits, vous en faites les fonctions, vous en inſpirez le goût; la ſageſſe vous dirige, la candeur vous annonce.

Quelle différence entre l'amitié & l'amour ! L'amitié devient la mere des plaiſirs innocents, l'amour eſt la ſource du trouble & des chagrins; l'amour ne reſpecte aucunes Loix, l'amitié les obſerve toutes; l'amour eſt l'ouvrage du caprice, l'amitié le fruit de la réflexion; l'amour s'éteint auſſi vîte qu'il s'allume, l'amitié ſe forme peu à peu, & elle ne meurt jamais; l'amour ſe plaint, l'amitié ſe tait; l'amour tourmente, l'amitié tranquilliſe.

*L'Amitié eſt intelligente.*

L'Aveuglement caractériſe les paſſions qui ne ſuivent que l'impétuoſité de l'imagination ou du ſang, & voilà pourquoi l'amour ſe fixe au hazard; mais l'amitié, qui a le coup d'œil juſte, ne ſe repoſe qu'après avoir pris conſeil de la raiſon. On ne la voit point errer à l'aventure de perſonne en perſonne, & ſe décider le matin, pour ſe rétracter le ſoir. Auſſi tranquille lorſqu'elle forme une nouvelle liaiſon, que lorſqu'elle la cultive, elle agit toujours avec la même réflexion.

En vain les richeſſes, les honneurs & la beauté voudroient lui faire illuſion : elle deſcend dans le cœur de celui qu'elle croit pouvoir aimer ; & après en avoir parcouru les plis & replis, elle acquieſce, ou elle ſe retire. Il n'y a que la candeur qui puiſſe réellement lui plaire ; & que ne fait-elle pas pour la diſtinguer de cette hypocriſie générale qui maſque aujourd'hui preſque tous les hommes, & les rend autant d'impoſteurs ! Elle défend à nos yeux de prévenir ſon jugement ; elle impoſe ſilence aux ſaillies de l'imagination ; elle arrête la célérité de l'eſprit ; & dans un examen que rien n'interrompt, elle prononce ſi telle union lui convient, & ſi enfin elle doit ſe déterminer.

Ce ſont de pareilles détermina-tions qui diſtinguent totalement l'a-mitié de l'amour, & qui lui méri-tent les plus grands éloges. Si l'on voit chaque jour des amis s'unir, & ſe diviſer preſqu'au même inſ-tant, on peut dire qu'ils ſe chéri-rent ſans amitié. Il eſt très-facile de confondre, au premier abord, ſon viſage avec ſon maſque; de ſorte qu'on ne connoît bien l'amitié, qu'après une eſpece de noviciat. Quand c'eſt réellement elle, on l'apperçoit qui ſe développe peu à peu, de même qu'une roſe s'épa-nouit à meſure que le ſoleil l'em-bellit & l'échauffe.

Tous les hommes ont deux ſor-tes d'intelligence; celle de l'eſprit, & celle du cœur : la premiere s'obſcurcit par les préjugés, la ſeconde par les paſſions; mais l'intelligence du cœur, qui s'embrouille dans l'amour, qui eſt un ſentiment mixte, ſe développe dans l'amitié, qui eſt un ſentiment ſimple.

L'amour, quelque belle couleur qu'on lui prête, dépend toujours plus ou moins de la circulation du ſang; & comme le ſang n'eſt pas égal dans ſon mouvement, on peut dire que les amants ne ſauroient bien aſſeoir un jugement. Il n'en eſt pas ainſi des amis, qui, toujours au même dégré de lumiere & de chaleur, voient aujourd'hui ce qu'ils voyoient hier. Quand le ſang devient la véhicule de l'ame, on ne marche plus qu'au milieu des ténebres : ainſi l'amour eſt aveugle, & l'amitié clair-voyante.

---

*L'Amitié eſt prévenante.*

IL y a long-temps qu'on a dit que deux amis s'entendoient à demi-mot. Ils n'ont beſoin, ni de circonlocutions, ni d'interlocuteurs, pour ſe communiquer leurs idées; un ſeul geſte ſuffit, un ſeul coup d'œil.

Je laiſſe échapper le ſeul mot d'une affaire qui m'inquiete; qu'ai-je dit? Déja cette parole eſt recueillie, & elle devient l'occaſion de mille démarches de mon ami. Il court, il ſollicite, enfin mon affaire ſe termine, j'en vois une expédition qu'on m'apporte. Eſt-ce un un ſonge? Non, mais un effet de l'amitié.

J'accuſe la rigueur des temps; je me plains de ce qu'on ne peut arracher d'argent, ni du Marchand, ni du Fermier. Qu'apperçois-je? une bourſe d'or. En vain je la refuſe; on me preſſe, on me conjure de la prendre, on me perſuade qu'en l'acceptant, c'eſt moi qui rends ſervice. Je fais mon billet, je le ſigne, je le préſente, déja il eſt jetté au feu, & je le vois en étincelles & en fumée. On ne veut point d'aſſurances. Aſſignez-moi donc un terme : mais cette propoſition paſſe pour une injure; on me déclare que mon terme eſt de n'en point avoir.

J'entre dans le jardin de mon

ami, mes yeux ſe fixent un inſtant ſur des fruits magnifiques; je n'ai pas parlé; mais on a examiné mes regards; c'eſt aſſez. Les fruits ſont chez moi, avant que j'y rentre; on en met des pyramides ſur ma table. J'ai beau me contraindre une autre fois, & retenir mes yeux; on imaginera ce qui peut me plaire, & on me l'offrira.

On m'écrit que mon ami eſt malade, & que mon abſence augmente encore ſon mal; je n'ai pas lu toute la lettre, & déja je ſuis parti. J'arrive, j'embraſſe ce cher ami, je ranime ſes plaiſirs, j'amortis ſes douleurs, je lui rends la vie.

Ainſi l'amitié dans mille occaſions prévient les beſoins; ainſi elle épargne à un ami la peine d'exposer une ſituation dont l'aveu coûte toujours à faire. On a vu des hommes courir chez leurs amis, & laiſſer à leur inſçu des rouleaux d'or ſur une table, ou ſur une cheminée; maniere d'obliger bien étrangere aux ames de boue! Ce récit ſeul eſt capable de les allarmer.

L'amitié peut exiſter chez un homme froid; mais elle l'échauffera & l'animera, lorſque la circonſtance l'exigera. Les Anglois, naturellement phlegmatiques, ſe réveillent, dit-on, plus vîte que perſonne, lorſqu'il s'agit de ſecourir un ami. Cependant on peut dire que l'amitié proſcrit autant la lenteur, que la vivacité. Il n'y a que ceux qui ſavent tenir un juſte milieu entre deux extrémités ſi différentes, qui puiſſent prévenir à propos, & deviner les beſoins du prochain. La vivacité ſe changeant ſouvent en étourderie, & la lenteur en pareſſe, ou l'on veut trop faire, & l'on ne fait rien, ou l'on differe de jour en jour, & l'on manque le moment.

Penſer, & agir; voilà les deux grands mobiles de l'amitié, & l'on ſatisfait à ce double devoir quand on ſait voir & ſentir. Or, on voit lorſqu'on n'eſt pas trop vif, & l'on ſent lorſqu'on n'eſt pas trop phlegmatique; de ſorte qu'il ne faut être, ni l'un, ni l'autre, pour ſe comporter en véritable ami. L'amitié eſt une chaleur douce, mais qui a ſa circulation. Si vous l'excitez violemment, elle dégénere en amour; si vous ne la ranimez de temps en temps, elle s'anéantit à coup sûr. Heureux le cœur agissant & tranquille! il se réveille toujours à propos; il n'y a que ces amis apparents qu'on peut appeller fantômes, qui s'évanouissent, lorsqu'on a besoin d'eux, & qui ne répondent jamais, ni à l'indigence, ni à la douleur.

---

### *L'Amitié est désintéressée.*

JE n'entends point par ce désintéressement d'amitié, un désintéressement qui m'empêche de me rechercher moi-même. Je ne connois pas plus le quiétisme en fait d'amitié, qu'en fait d'amour. Les hommes ont toujours une perſpective qui les flatte, au milieu de tout ce qu'ils entreprennent. On cherche un ami, on déſire ſa préſence, on ambitionne ſes lettres, parce que ce ſont autant de ſatisfactions qu'on veut ſe procurer. L'amour de nous-mêmes ſe déguiſe, & ſe métamorphoſe en tant de manieres, que nous croyons très-ſouvent n'agir que pour les autres, lorſque nous agiſſons uniquement pour nous. Le bon cœur de celui-ci nous enchante, l'eſprit de celui-là nous ravit; mais c'eſt toujours un enchantement & un raviſſement rélatifs à notre bien-être.

Le déſintéreſſement de l'amitié n'eſt donc qu'une averſion pour tout gain ſordide, qu'un éloignement de tout ce qui n'a rapport qu'aux ſens. Qu'un tel ſoit riche ou pauvre, qu'il ait du crédit ou qu'il n'en ait point, voilà ce qui n'intéreſſa jamais la véritable amitié.

Quel beau ſpectacle, que le commerce de deux amis! Je les vois oublier dans l'inſtant l'intervalle que peuvent avoir mis entre eux les biens, la naiſſance & les honneurs. Le Prince devient égal au Gentilhomme, le Gentilhomme au Roturier : ce ne ſont plus deux hommes que les rangs différencient, mais deux amis qui marchent ſur la même ligne, deux amis qu'on confond preſque enſemble. Ainſi un Peintre habile ſait tellement aſſortir deux couleurs, que ce n'eſt plus qu'une nuance imperceptible aux yeux les plus clair-voyants.

Richeſſes, honneurs, condition! vous vous éclipſez tout-à-coup, l'amitié vous fait diſparoître. L'eſprit, & ſur-tout le cœur; voilà ce qu'elle enviſage. Elle laiſſe à une ſotte vanité le ridicule uſage de juger d'un homme par ſon habit, de ſon mérite par ſon équipage, & de ſes talents par ſa dépenſe.

Il faut convenir, malgré ces réflexions, qu'il y a des gradations parmi les hommes, & des bienſéances qui ne permettent pas de s'oublier au point de devenir indifféremment l'ami du maître, ou du valet. On peut même dire que nos connoiſſances étant rélatives à notre

notre état, nous ne contractons ordinairement que des liaisons sortables; & cela est d'autant plus à sa place, que le monde nous fournissant, dans chaque profession, des personnes capables d'être véritablement amies, il seroit absurde de nous unir à des gens d'une condition tout-à-fait différente de la nôtre. L'amitié, par cette raison, doit observer des proportions; & c'est une des qualités qui la distingue essentiellement de l'amour, dont le caprice s'attache indistinctement à la Princesse & à la Bergere, à la Maîtresse & à la Servante.

Je ne prétends pas qu'on ne puisse omettre plusieurs nuances dans le choix qu'on fait d'un ami;

mais il ne faut pas un assortiment de couleurs qui jurent, comme du Gentilhomme au Paysan. Nous avons dans la société des états mitoyens qu'on peut cultiver sans se compromettre. D'ailleurs, les talents étant ordinairement plus répandus chez les hommes obligés de vivre de leur savoir & de leur industrie, on trouve un bon supplément à la Noblesse qu'ils n'ont pas, & conséquemment on peut très-bien se les associer pour amis.

Ceux qui croient l'amitié sans nul intérêt, ne se connoissent point eux-mêmes. Il n'y a personne qui voulût devenir l'ami d'un autre, s'il n'y goûtoit du plaisir; mais cet intérêt est si naturel & si analogue à la construction de notre être, que toute amitié, qui n'a qu'un pareil objet, doit s'appeller désintéressée. Si nous sommes nous-mêmes la regle de l'amour que nous devons au Prochain, & si nous ne devons le chérir que comme nous nous chérissons, croyons qu'une amitié, qui suit cette maxime, est une véritable amitié. Mais nous nous plaisons à paroître quelquefois romanesques dans nos sentiments, ainsi que dans nos idées, & en cela nous faisons le personnage d'amant, au lieu de faire celui d'ami.

## *L'Amitié est patiente.*

SI l'amitié étoit aveugle, elle exigeroit que les hommes fussent parfaits ; mais elle sait que nous naissons tous plus ou moins chargés de miseres & de défauts.

Où trouver des amis parfaits? La terre seroit encore à nous fournir le spectacle de deux vrais amis, si les hommes avoient usé d'une sévérité réciproque. Pline eut ses défauts, Tacite eut les siens. La patience des deux, les leur rendit supportables.

Il est vrai que pour se conserver amis, il ne faut pas se voir continuellement; car, comme dit très-bien le Proverbe François : *Il n'eſt point de grand homme pour ſon valet-de-chambre.* Les abſences ſont un aſſaiſonnement, qui donne à l'amitié plus de force & plus d'empreſſement.

On raconte que deux hommes, vivant à Londres, & étant amis depuis plus de quarante ans, de maniere à ne pouvoir paſſer un jour ſans ſe voir, formerent le deſſein de demeurer enſemble. Lorſqu'ils étoient ſur le point de l'exécuter, ils firent cette ſage réflexion : Mais, direntils l'un & l'autre, peut-être allons-nous maintenant nous brouiller ; car chacun ayant des moments de mauvaiſe humeur, nous nous verrons dans ces moments critiques, au lieu que nous prenons un air de gaieté, lorſque nous nous viſitons. L'avis fut trouvé fort bon, & l'on en reſta là. Ces hommes, qui, au premier abord, paroiſſent originaux, connoiſſoient le cœur humain : ils ſavoient que nous avons tous une portion de joie & de triſteſſe, de modération & d'impatience ; de ſorte que lorſque nous avons étalé nos qualités aimables dans les converſations & dans les viſites, nous nous retrouvons ſouvent avec de la mauvaiſe humeur, lorſque nous ſommes ſeuls. Alors nous devenons inquiets, nous murmurons, au point que nos domeſtiques deviennent ordinairement la victime de notre inquiétude ; d'où je conclus que la prudence exige des amis qu'ils ne ſe voient pas toujours, ou du moins qu'ils ſoient bien ſûrs d'eux-mêmes.

Cependant l'amour, pour ſe ſoutenir, a beaucoup plus beſoin des abſences que l'amitié. Comme il dépend d'un viſage plus ou moins fleuri, d'une circulation du ſang plus ou moins vive, d'une imagination plus ou moins fougueuſe, il s'éteint, s'il voit toujours le même objet. Le ſens moral, qui ſe préſente tout naturellement à la ſuite de ces obſervations, nous apprend que, de quelque maniere qu'on nous aime, & que nous aimions, nous ne ſommes pas fort aimables, puiſqu'il faut tant de précautions pour nous rendre chers aux yeux d'autrui. Auſſi n'avons-nous pas droit d'exiger qu'on nous aime, mais ſeulement qu'on nous ſouffre.

---

*L'Amitié eſt fidelle.*

JE définis une amitié fidelle, une amitié toujours préſente dans le beſoin, une amitié qui, lorſqu'on déchire un ami, parle avec force, & prend fait & cauſe en faveur de l'abſent. Quiconque n'eſt pas prompt à excuſer ſon ami, à réprimer les mauvais diſcours, à arrêter l'impétuoſité d'une ſaillie, ne mérite pas de vivre ſous les loix de l'amitié. Un ami doit donc à ſon ami le courage d'impoſer ſilence quand il le voit outragé, ou, du moins, de modérer avec prudence la rigueur des coups qu'on lui porte. Ce n'eſt pas qu'on doive louer ſes actions, ſi elles ſont blâmables ; mais il faut plaindre ſon malheur, excuſer ſon intention, empêcher qu'on n'inſulte à ſa peine, faire, en un mot, dans cette rencontre, ce que nous voudrions qu'on fît pour nous-mêmes. La ſeule humanité nous recommande ce devoir. Que dira donc l'amitié?

Plus on voit de malheurs fondre ſur ſon ami, plus on doit lui demeurer attaché ; mais ce que diſoit Horace de ſon temps, ſe vérifie encore aujourd'hui : Quand le tonneau eſt vuidé, tous les amis s'enfuient. La moindre diſgrace change tout-à-coup en indifférence l'amitié qui paroiſſoit la plus forte : les ſiecles ne ſont que ſe répéter continuellement, parce que les paſſions ſont toujours les mêmes.

La fidélité d'un véritable ami ne craint point les épreuves. On peut même dire qu'elle ſe fortifie à meſure qu'on la réclame ; mais il eſt de la diſcrétion de n'en pas abuſer. Les hommes s'aimeroient davantage & plus conſtamment, s'ils ſavoient ſe contenir dans de juſtes bornes. Les uns exigent trop, & les autres ne donnent pas aſſez, & en cela ils s'éloignent beaucoup de l'amitié, dont l'uſage eſt d'éviter toujours toute extrémité.

## *L'Amitié est généreuse.*

C'Est parce que l'amitié est réellement généreuse, qu'il y a si peu d'amis. On craint d'embrasser une vertu qui oblige à donner. L'or a pris un tel ascendant sur le cœur des hommes, qu'ils tombent en syncope, lorsqu'il faut débourser. Vous voyez leurs visages se démonter tout-à-coup, passer du plus riant au plus sérieux, & n'offrir que des rides & de l'humeur. Combien l'amitié, toujours affable & toujours libérale, ne proscrit-elle pas ces grimaces si odieuses à l'humanité? Elle se fertilise, elle se multiplie, elle fait l'impossible, pour ſoulager l'ami qui réclame ſon ſecours; & ſi elle refuſe, ce n'eſt qu'après avoir tout tenté, & qu'en gémiſſant bien ſincérement de ſon impuiſſance.

Mais entend-on bien la généroſité dont nous qualifions l'amitié? J'en doute; il n'y a point de matiere où l'on prenne plus aiſément le change. On peut donner tout ſon bien aux pauvres ſans avoir la charité, & l'on peut ſe dépouiller de tout ce qu'on poſſede, ſans être généreux. Toute libéralité d'oſtentation ou de fantaiſie, ne ſuppoſe, ni belle ame, ni bon cœur. Les beſoins & les circonſtances déterminent le prix des ſervices. Dix mille écus donnés demain, ne ſeront pas un acte de généroſité, &

mille livres accordées aujourd'hui auront tout le mérite d'un magnifique préſent. Il s'agit d'épier le moment, & de ne le pas laiſſer perdre.

C'eſt ici que l'amitié brille dans tout ſon éclat, parce que attentive à lire dans les yeux, & habile à connoître les geſtes, elle devîne le moindre beſoin. Combien de fois n'a-t-elle pas imaginé, même en dormant, des moyens de ſoulager ſes favoris! Le cœur devient plus ingénieux que l'eſprit même, dans un ami qui ſent ſes obligations, & qui les chérit : il raiſonne, il combine, il ſe dilate, il agit; & lorſqu'il ne peut ſatisfaire ſes deſirs, il ſe fond, pour ainſi dire, & il s'incorpore avec les pleurs de la perſonne qu'il voudroit ſoulager.

La générosité dont je parle, & qui caractérise essentiellement l'amitié, se trouve rarement chez les grands, & jamais chez les bigots. Ceux-ci ont l'esprit & le cœur tellement rétrécis, qu'ils ne répandent leurs bienfaits que goutte à goutte, & qu'ils craignent toujours de favoriser le luxe ou l'intempérance; ceux-là ne savent que perdre, & ne savent point donner. Les uns & les autres, par conséquent, sont presque incapables d'être amis; car l'amitié qui ne se souvient plus aujourd'hui des services qu'elle rendit hier, qui, lorsqu'il s'agit d'obliger, ne dit jamais, c'est assez, qui se gêne enfin, & qui s'incommode, pour mettre les siens à leur aise, rejette l'homme défiant, ainſi que l'homme prodigue. Elle veut une élévation dans les ſentiments, & une pénétration dans les idées, qui aillent juſqu'à l'héroïſme.

Plût à Dieu qu'il fût poſſible d'ouvrir ici le cœur des véritables amis ! L'eſprit & les ſens s'y réuniſſent pour l'attendrir & l'enflammer ; tous les plaiſirs de l'ame s'y concentrent, pour ſe réduire à la pure ſatisfaction d'obliger ; & la magnanimité même s'en empare comme d'un bien dont elle a droit de diſpoſer. Ainſi point de généroſité chez les vrais amis qui ne ſoit pleine & entiere, & point de paſſion, ni de ſentiment qui la contrediſent. Le cœur décide, & tout ſe tait, & tout obéit; au lieu que parmi les hommes inſenſibles à l'amitié, le désir de la bienfaisance est empêché, ou du moins resserré par quelque obstacle. Si l'esprit veut, le cœur ne veut pas; & si le cœur a bonne envie, quelque passion s'y oppose.

---

### *L'Amitié est discrete.*

LA discrétion, dont je veux parler ici, se réduit premiérement à ménager la générosité de ses amis, secondement à conserver inviolablement leur secret, troisiémement à ne jamais se plaindre. Loin d'ici ces ames avides, qui, sous prétexte de faire triompher de beaux sentiments, deviennent à charge par leur importunité, & se persua-

persuadent qu'on a droit de tout exiger d'un ami. Il faut être avare de la bourse des autres plus que de la sienne propre, & croire que la générosité ne differe de la prodigalité, que parce qu'elle a des bornes. L'indiscrétion contribue peut-être autant à la disette des amis, que l'avarice même : ceux-ci veulent toujours refuser, & ceux-là toujours demander.

Quant au secret que l'amitié exige, il doit être d'autant plus sacré, que la probité seule nous défend de parler dans mille occasions différentes. Il y a des personnes qui ne connoissent point d'autre secret, que les confidences qu'on leur fait; mais il est un secret essentiel, qui consiste à ne point inquiéter ſes amis par des rapports à contretemps. L'homme prudent nous épargne le récit de mille calomnies qui ne peuvent que nous troubler, tandis que le babillard vient nous dire en face tout ce qu'on penſe ſur notre compte. Les premiers principes de la politeſſe s'inſcrivent contre un pareil procédé; & comme ces principes ſont inſéparables de l'amitié, ils nous apprennent à écarter & à mépriſer tout rapporteur. La véritable amitié ne veut recevoir d'avis, que dans des occaſions où ils peuvent être d'une véritable importance.

Le ſecret que l'ami doit à ſon ami doit toujours ſe concilier avec la vérité, & cette conciliation n'eſt difficile que chez les perſonnes accoutumées à trop parler. Lorſqu'on aime à ſe taire, on a l'art de n'être pas deviné; & il faut néceſſairement ſavoir ſe taire, ſi l'on veut honorer l'amitié. Un ſecret qui parvient juſqu'à trois perſonnes, commence à n'être plus qu'un demi-ſecret. Les vrais amis emportent juſqu'au fond de leurs tombeaux ce qu'on leur confie, & ils ſont toujours prêts à y deſcendre, plutôt que de trahir une confidence par un geſte, ou par un regard. L'ame de deux amis n'en fait qu'une, & ſans doute une ame ne doit pas ſe trahir elle-même, ni dire tout ce qu'elle penſe. Le cœur du ſage eſt un puits d'où il ne ſort rien de ce qu'on y cache; mais bien des hommes reſſemblent à des jets d'eaux ; ils renvoient de toutes parts ce qu'ils reçoivent.

Il nous reſte maintenant à parler de la diſcrétion qui conſiſte à ne ſe jamais plaindre, & qui diſtingue eſſentiellement l'amitié de l'amour. Celui-ci, tout en reproches & en injures, s'exhale de la maniere la plus violente lorſqu'il ſe croit bleſſé, tandis que l'amitié ne dit mot quand elle a le plus ſujet de murmurer : c'eſt une tourterelle qui gémit ſourdement, & qui ne parle de ſa douleur qu'aux arbres & aux rochers.

## *L'Amitié eſt ſimple.*

LE ſoupçon ne s'allia jamais avec l'amitié, puiſqu'il eſt ſon plus grand ennemi. Eh! comment une vertu, toujours prête à excuſer, pourroit-elle entretenir des méfiances ſecretes? Il faut vivre cordialement avec ſon ami, & le croire abſolument incapable d'abandon, de trahiſon, & même d'indifférence.

Je rejette cette maxime d'un Ancien : *Vivez avec votre ami comme avec un homme qui peut devenir votre ennemi.* De tels principes ôtent toute confiance, & la confiance eſt la baſe de l'amitié. Je voudrois auſſi qu'on ſupprimât ces ſupplications tant réitérées : *Aimez-moi comme je vous aime ; ſoyez perſuadé de mon attachement.* Une telle formule eſt, ſans doute, ſuperflue. A quoi bon demander un bien qui m'appartient ? A poſtuler une faveur dont on jouit, il ſembleroit qu'on craint d'être au moment de n'en plus jouir.

Il ne ſe trouve que trop d'amis qui ſe défient les uns des autres, qui craignent à chaque inſtant de voir ceſſer leur union, & qui redoutent la vue d'un étranger comme celle d'un rival ; mais ceux-là ſe comportent en amants, dont la vie ſe paſſe à inquiéter les autres, & à s'inquiéter eux-mêmes.

L'amitié qui juge toujours en

bien, a toute la peine possible à croire le mal, non parce qu'elle est aveugle, mais parce qu'elle est simple. Un bon ami ne trouvant en lui-même que candeur & sincérité, suppose les mêmes vertus dans tous ceux qu'il chérit : il craint plus que la mort même, de découvrir des défauts essentiels dans les personnes qu'il affectionne, & il ne se détermine guères à les croire, qu'en les voyant de ses propres yeux.

---

## *L'Amitié est tranquille.*

LEs passions s'agitent, & se combattent perpétuellement ; les vertus se moderent, parce que la modération forme leur caractere :

ainsi l'amitié, toujours au même dégré de chaleur & de repos, n'éprouve point les cruelles alternatives de l'amour, qui, tantôt plus inquiet, & tantôt plus indolent, va & vient comme un volcan, aujourd'hui s'enflamme, & demain s'éteint; il rend les esprits & les cœurs frénétiques, & il n'y a que dans les Eglogues & les Romans, où il paroît agréable & séduisant. Les Poëtes sont des Peintres qui ornent les passions comme il leur plaît, & l'on doit toujours s'en défier.

Philoctete rêve tout le jour, il ne jouit qu'une fois la semaine de la contemplation de l'objet qu'il idolâtre, & tout le reste du temps, il le passe en craintes, en soupçons, en en déſirs, en fictions; ſes ſonges mêmes le tourmentent & le dévorent. Les plus aimables compagnies lui ſont inſipides: il bâille au milieu des fêtes les plus divertiſſantes; il veut voir ſans ceſſe la perſonne que ſes penſées recherchent, & ſi cela arrive bientôt, il ne s'en embarraſſe plus. Philoctete eſt l'homme du monde le plus infortuné; il aime en amant, & il ſeroit le plus heureux, s'il aimoit en ami.

Rien de plus digne de l'homme, & rien de plus admirable que de tenir ſon cœur entre ſes mains, que de ne lui donner d'eſſor que vers la vertu, que de ne l'appliquer qu'à des objets capables d'augmenter, ou, du moins, d'entretenir la paix. C'eſt à ces traits qu'on connoît l'amitié, qui, toujours peinte avec un air de candeur, nous annonce le calme dont elle jouit.

On ne la voit jamais entrer en fureur, ni s'exhaler en murmures, en reproches, en inveƈtives. Les termes de malheur, de déſeſpoir, de rage, de cruel, de barbare, de perfide, ſi familiers à l'amour, lui ſont abſolument inconnus : elle ſait ſe poſſéder dans le temps même où elle a tous les ſujets de ſe fâcher ; elle ſe contente d'oublier ceux qui la trahiſſent, & de n'en jamais parler.

Quelle vie agitée que celle d'un amant! quelle vie douce que celle d'un ami! Ici, c'eſt un ciel toujours ſerein qui charme par ſes douces influences; là, ce ſont des grêles, des éclairs, des tonnerres qui allarment & qui déſeſperent: ici, c'eſt un ruiſſeau qui coule ſans bruit & ſans obſtacle; là, c'eſt une mer tumultueuſe qui s'enfle, qui mugit, qui retentit de toutes parts. L'amour ne ſauroit être tranquille comme l'amitié, parce que l'amour étant ordinairement en guerre avec la conſcience, il engendre du trouble & des remords.

Il y a trois choſes dans l'homme, dont l'harmonie eſt abſolument eſſentielle pour entretenir la paix: l'eſprit, la conſcience, & le cœur; & ces trois choſes, qui ſe combattent perpétuellement chez les amants, ſont parfaitement d'accord chez les amis. C'eſt par cette raiſon que l'amour ſe convertit ſouvent en amitié, & que l'amitié ſe change rarement en amour ; car, toute agitation étant une ſituation violente qui ne peut durer, on paſſe plus aiſément de la tempête au temps calme, que du temps calme à la tempête. L'un ſurvient tout-à-coup, & l'autre n'arrive que par gradations.

---

### *L'Amitié eſt ſincere.*

SI tout homme qui ment eſt vraiment un mal-honnête homme, l'amitié, compagne inſéparable de la probité, doit, ſans doute, proſcrire le menſonge. Il y a des personnes qui croient ne mentir que lorſqu'elles portent préjudice au Prochain; mais la vérité eſt-elle donc notre eſclave, & ſerons-nous les maîtres de la traiter ſelon notre caprice? L'amitié ſe réſerve toujours le droit de parler & d'agir avec ſincérité. Ce n'eſt pas qu'elle manque à aucune bienſéance, ni qu'elle couvre de confuſion un ami qui s'égare: attentive à ménager tous les dehors de la politeſſe, elle s'inſinue avant que de reprendre; que dis-je? elle ne reprend jamais, elle repréſente, elle donne modeſtement ſon avis, elle remontre doucement le devoir dont on s'écarte.

Suppoſons deux amis, dont l'un a fait une faute; comment l'amitié ſe comporte-t-elle alors? Elle dicte des paroles qui n'aigriſſent point, mais qui convainquent, qui n'engendrent point de rancune, mais qui excitent le repentir.

Si les hommes ne s'aimoient que pour ſe flatter, on pourroit regarder les Cours comme autant de temples de l'amitié, & les Courtiſans comme autant d'amis. Ce n'eſt donc point ſous les couleurs de l'adulation que l'amitié s'annonce. Toujours compagne de la candeur, elle ignore l'art dangereux d'appeller ſageſſe, ce qui n'eſt que folie; elle ſuit les étendards de la vérité, & non le cours du ſoleil, comme cette fleur connue ſous le nom d'Héliotrope.

L'amour, au contraire, diſſimule, & trahit d'autant plus volontiers les autres, que ſouvent il ſe trahit lui-même. Tel eſt le ſort des paſſions: elles s'aveuglent, elles ſe confondent, & il n'y a que le hazard qui les faſſe raiſonner. Mais, pour définir l'amour en deux mots, on peut dire qu'il eſt un aventurier qui s'annonce tout-à-coup ſans être introduit, qui s'attache à une perſonne, ſans ſavoir pourquoi, & qui ne connoît, ni ſon origine, ni la conſéquence de ſes démarches. L'amitié, bien différente, nous inſtruit de ſa marche & de ſes ſentiments. On ſait que l'eſtime l'engendre, qu'elle ſe recommande elle-même à titre de vertu, & que, ſoit qu'elle parle, ou qu'elle écrive, elle conſerve dans ſon cœur la minute de toutes ſes lettres & de tous ſes diſcours.

---

### *L'Amitié eſt ſociable.*

C'Eſt réellement dans la communication des ſentiments & des idées, que les amis goûtent le plaiſir le plus ſolide & le plus pur. Les ſervices dont l'amitié eſt prodigue, ne ſont pas toujours dans le cas de ſe répéter, & d'ailleurs ce ſeroit un attachement bien ſingulier, que celui qui n'auroit en vue que cet objet.

Il y a une ſéchereſſe de cœur dans les liaiſons Angloiſes, que je ne puis approuver. Si l'ame penſe continuellement, & ſi deux amis ne forment qu'une même ame, ils doivent, ſans doute, ſe rendre compte de leurs penſées. Je puis converſer à tout moment, & je puis, pendant toute ma vie, n'avoir beſoin d'aucun ſervice ; d'où je conclus qu'une amitié qui parle, peut m'être très-utile, & que celle, au contraire, qui ne dit mot, & qui ne ſait qu'obliger, ne me ſervira ſouvent de rien.

Tranſportons-nous à Londres, ou à Amſterdam, & figurons-nous deux perſonnes qui tout le jour la pipe à la bouche prennent du thé, & ne parlent pas, & qui paſſent ainſi toute leur vie. Il me ſemble que l'amitié n'eſt nullement néceſſaire pour jouer un pareil rôle, & qu'elle eſt même un hors-d'œuvre, puiſque deux étrangers qui ne ſe connoiſſent pas, pourront jouir enſemble du même divertiſſement. Il faut ſavoir verſer ſes joies & ſes chagrins dans le cœur de ceux qu'on chérit, les rendre dépoſitaires de ſes penſées, leur répondre & les interroger; autrement on languit, le ſpleen s'empare de l'ame, & la vie devient onéreuſe.

L'amitié qui converſe, me dira-t-on, n'eſt pas auſſi ſolide que celle qui ſe tait : je le veux; mais ne dois-je donc uſer de mon ami, que dans des affaires d'intérêt, & dois-je attendre des occaſions qui n'arriveront peut-être jamais, pour goûter les fruits de l'amitié? En ce cas, je ſerai auſſi heureux en aimant un mort, & j'aurai autant de plaiſir à m'aſſeoir tout le jour auprès d'une ſtatue, qu'auprès d'un homme qui ne me dit mot.

Laiſſons donc l'amitié diſcourir: la converſation fait ſes délices; car c'eſt alors qu'elle donne des conſeils ou qu'elle en reçoit, qu'elle calme des douleurs ou qu'elle excite de la joie, qu'elle pleure ou qu'elle rit, qu'elle ſoupire ou qu'elle chante, qu'elle moraliſe ou qu'elle badine, qu'elle critique ou qu'elle approuve, qu'elle diſpute ou qu'elle applaudit. Si l'on pouvoit produire ici tous les ouvrages, tous les conſeils, tous les exploits, toutes les loix & tous les uſages que la converſation des amis a fait naître, on verroit qu'un de ſes plus beaux attributs eſt d'être ſociable.

Mais, par malheur, nous confondons toujours nos paſſions & nos goûts avec les vertus, & nous oſons conſéquemment définir l'amitié ſelon que nous ſommes affectés : ainſi les François la ſuppoſent toujours gaie, & les Anglois toujours taciturne. Ceux-ci ne s'apperçoivent pas que leur liaiſon n'eſt, pour l'ordinaire, qu'une ſympathie de mélancolie, & ceux-là ne penſent pas que leur union n'eſt qu'une envie de ſe réjouir. L'amitié, véritablement ennemie de toute extrémité, ſait rire & s'attriſter à propos, de ſorte que les perſonnes qui ne l'enviſagent pas dans ce point de vue, ne la connoiſſent point.

Une amitié morne, une amitié bouffonne, choſes tout-à-fait incompatibles; mais une amitié ſociable, tel eſt cet attachement qui lie deux cœurs enſemble, & qui les fond, pour ainſi dire, l'un dans l'autre, de maniere à ne former qu'une même penſée & qu'une même volonté. L'amitié trouve tant de plaiſir à ſe rendre ſociable, que lorſqu'elle ne peut ſe faire entendre, elle écrit ; eh! quels Ecrits! Elle ſe répand toute entiere dans chaque page, dans chaque ligne, dans chaque mot, avec une cordialité mille fois plus expreſſive que tous les termes dont elle ſe ſert.

Que ne puis-je ici pénétrer dans

tous ces cabinets ſecrets, & dans toutes ces promenades ſolitaires où l'amitié parle, où elle raiſonne, où elle s'épanouit! j'entendrois la candeur même diſcourir, & je perſiſterois plus que jamais à ſoutenir que la ſociété n'a point de diſciples plus épris de ſes charmes, que les vrais amis. Ce ſont eux qui s'entendent à demi-mot, qui ſe confient les plus grands ſecrets, qui gémiſſent ſur les abus de leur patrie, qui ſe rient des préjugés, & qui goûtent enfin l'heureux plaiſir de s'exprimer ſans contrainte, & ſans la moindre appréhenſion de ſe compromettre. Ce ſont eux qui ſe vengent en ſecret du ridicule hommage qu'il faut rendre publiquement à bien des ſots, qui décident du mérite des ouvrages, & qui dans le ſein même du deſpotiſme, forment une petite république cachée qui condamne, qui prononce, & qui réforme.

Ce ne ſera pas à de pareils traits qu'on reconnoîtra l'amour, qui, toujours l'antipode de l'amitié, s'ennuie, bâille, languit, ſoupire au milieu des plus agréables ſociétés. Il ne converſe que par abſtraction, ou dès lors il n'eſt plus l'amour, & il n'en prend que le maſque; car les paſſions précipitant l'eſprit & la raiſon, lorſqu'elles ſont vives, l'amour ne penſe, ni ne raiſonne quand il eſt dans ſa force.

*L'Amitié eſt douce.*

LOin de l'amitié ces airs de hauteur & de rudeſſe, qui font voir une ame aſſervie au caprice & à l'orgueil. L'amitié ne connoît point ce qu'on appelle humeur; elle ignore entiérement les reproches ſi uſités parmi les amants. Entendre diſcourir deux bons amis, les obſerver dans leurs démarches, c'eſt voir la douceur exercer ſon empire, & la politeſſe faire ſes fonctions.

N'allons pas nous imaginer par cette douceur des careſſes inſipides qui ne conſiſtent que dans des compliments & des paroles langoureu-

ſes.

ſes. Un eſprit mâle abandonne ces puérilités à des Petits-Maîtres, ou à des Faiſeurs de Romans, qui pour faire la cour à une femme imbécille ou ridicule, profanent le mot *d'adorer*, & prodiguent celui de *ſoleil & d'aurore*. L'amitié a d'autres dehors ; elle s'annonce avec plus de dignité, quoiqu'avec un air toujours ſimple.

On auroit peine à croire combien il y a de perſonnes, qui, faute de cette douceur, ne peuvent venir à bout de ſe faire un ami. On craint de ſe lier avec un homme querelleur & groſſier, qui, malgré tout le bon cœur qu'on lui ſuppoſe, laiſſe toujours ignorer ſi les viſites & les diſcours lui font plaiſir, ou non. Rien n'éloigne plus les hommes de nous, qu'un viſage refrogné. Veut-on plaire, il faut dérider ſon front; veut-on gagner les cœurs, il faut ſourire.

Si le commerce de l'amitié n'eſt donc aſſaiſonné de douceur & de politeſſe, il devient inſipide & fâcheux. Que la douceur a de pouvoir ſur les eſprits! Elle leur fait prendre inſenſiblement une nouvelle maniere de penſer, elle les détourne adroitement, & ſans contrainte, de la route qu'ils vouloient tenir. Sans paroître avoir d'autorité, elle oblige tout le monde à être de ſon avis. Un ſimple air de contentement, développé ſur le viſage, ſatisfait & ravit, au point que des Princes ont ſouvent contenté leurs Peuples en ne payant leurs travaux qu'avec une ſemblable monnoie.

La douceur forme tellement le caractere de l'amitié, que les nations douces & policées ont un penchant naturel pour les liaiſons, tandis que les Peuples vifs & colériques ne ſont ſuſceptibles d'aucun attachement ſolide. S'ils aiment, ce n'eſt que par intervalle & par fureur, & en cela ils ont beaucoup plus d'aptitude à être amants, qu'amis.

---

*L'Amitié eſt tendre.*

TOus les amis que nous vante l'antiquité eurent un cœur ſenſible, dont les ris, ou les larmes, furent l'interprete ſelon les circonſtances. Que j'aime à m'égarer au milieu de ces forêts décrites par Virgile, où il peint Niſus fondant en pleurs! Mon imagination ſuit à la trace ce héros de l'amitié, & mon ame recueille tous ſes ſoupirs.

Je ne prétends certainement pas que tous les amis deviennent des Héraclites ; bientôt les larmes le diſputeroient aux pluies les plus abondantes : mais je veux qu'un ami s'afflige de la diſgrace de ſon ami, qu'il regrette ſon abſence, qu'il ſe couvre de deuil à ſa mort.

Je ſuis ſûr que le monde, tout inhumain qu'il eſt, me condamne, ſi l'on me voit aſſiſter avec un œil ſec aux funérailles d'un ami. Chacun penſera, l'aimoit-il auſſi ſincérement qu'on ſe l'imagine ? ſes yeux ne le diſent point, ſon cœur le dit-il? L'amitié chez tous ceux qu'elle adopte ne fit jamais parade de cette magnanimité fanfaronne, qui exclut les larmes, & qui les proſcrit comme indignes de l'homme.

Quel plaiſir de voir une perſonne, bonne parente, bonne citoyenne, bonne amie, pleurer ſur les malheurs de ſes Peres & de ſa Patrie! L'humanité l'exige, l'amitié le fait. Loin d'ici ces ames de bronze & ces cœurs d'acier, qui nous vantent leur prétendu héroïſme. Je rejette les héros que la nature déſavoue. Quand il s'agit d'un homme, il faut qu'il ſoit homme. Ceux qui aiment l'inflexibilité, n'ont qu'à s'attacher à un portrait, ou à une ſtatue.

Rire avec ceux qui rient, pleurer avec ceux qui pleurent, c'eſt la qualité d'une belle ame, & il n'y a que les hommes ſauvages, ou plutôt dénaturés, qui puiſſent contredire cette maxime; mais nous vivons dans un ſiecle où l'on a honte de paroître humain, & où l'on ſe fait un point d'honneur d'affecter un ſtoïciſme dont nos peres auroient rougi. Quand reviendront ces temps heureux où le bel eſprit ne faiſoit pas taire le bon cœur, & où l'on trouvoit des maîtres & des amis tendres & généreux!

## *L'Amitié est constante.*

C'Est ici le triomphe de l'amitié, qui, bien différente de l'amour, demeure toujours la même. Comme il lui faut des fondements bien plus solides qu'une beauté passagere, que des richesses & des honneurs, elle se soutient sans choc & sans orage; elle ne veut que des cœurs : c'est là qu'elle établit son centre, & qu'elle regne en souveraine.

Vit-on jamais deux vrais amis devenir ennemis? j'en doute; en tout cas, un tel phénomene ne prouve rien contre l'amitié; il nous apprend tout simplement qu'il y a des déſerteurs de cette vertu, ainſi que de la ſageſſe, de la juſtice & de la probité, qu'il y a des hommes bizarres qui ſe dégoûtent de ce que la vie a de plus gracieux & de plus doux.

Ce ſeroit faire le plus grand tort à l'amitié, que de la ſuppoſer ſujette à des refroidiſſements cauſés par l'indigence, les diſgraces, ou les maladies. Ah! un de ſes favoris eſt-il dans l'affliction, elle vole à ſon ſecours, elle l'embraſſe, elle le conſole. Plus elle trouve de beſoins, plus elle ſe multiplie; les revers ne font qu'enflammer ſon zele. Faut-il importuner les grands, deſcendre dans des priſons, entreprendre des voyages, affronter des périls, par-tout elle ſe préſente, te, elle ſe reproduit ; on la voit, après cinquante & ſoixante années de vie, auſſi ardente que ſi elle venoit de naître.

Les Peintres ont bien ſu rendre juſtice à cette vertu : jamais ils ne lui mirent des ailes comme à la fortune, à la victoire & à l'amour. Plus on la cultive, & plus on admire ſa conſtance.

---

### *L'Amitié eſt active.*

Rien ne peut rallentir le zele de l'amitié : c'eſt un feu qui dans l'abſence même des perſonnes ſe nourrit de leur ſouvenir, un feu qui dure la nuit & le jour ſans jamais ſe conſumer. L'amitié, toujours comme au premier moment de ſon réveil, ſe ſent auſſi active, que ſi elle venoit de ſe former.

Quand elle ne peut diſcourir, elle écrit, & lorſqu'elle ne peut écrire, elle médite. Souvent elle feint des idées de fortune & des projets d'élévation pour avancer ſes favoris, pour les combler de graces, & les arracher à la triſte ſituation où ils peuvent être. Elle voudroit que tous les tréſors fuſſent entre ſes mains, & que toutes les couronnes fuſſent à ſa diſpoſition, pour les faire paſſer à ceux qu'elle chérit. Avec quelle ardeur ne court-on pas au ſecours d'un ami! C'eſt alors que l'amitié nous donne des ailes, qu'elle nous éleve au-deſſus des injures de l'air, &

qu'elle nous cache les périls & les précipices, pour ne nous laiſſer entrevoir que le plaiſir infini d'une agréable entrevue.

Ai-je tout dit ſur l'activité de l'amitié? Non, ſans doute: elle ſurvit à ceux qui meurent, elle les pleure, elle les rappelle, elle en parle ſans ceſſe. Combien de fois ne l'a-t-on pas vue la bouche collée ſur une urne, languir de douleur, & s'efforcer de ranimer la cendre par ſes ſoupirs & par ſes ſanglots!

Mais voici une deſcription, qui, toute fabuleuſe qu'elle eſt, peint au naturel l'activité dont nous parlons. Qu'il me ſoit permis d'inſérer cette fiction dans un Ouvrage, qui n'exprime que la vérité. *Néris* & *Linus*, jeunes Seigneurs auſſi recommandables l'un & l'autre par leur naiſſance que par leur ſageſſe, cimenterent preſque dès leur berceau la plus intime union. Les maîtres trouverent en eux des diſciples également dociles & capables, & les parents une conſolation ſupérieure à tout ce qu'on peut dire. S'il s'écouloit un jour qui ne leur permît pas de ſe rencontrer, ils en étoient allarmés. Des vallons ſolitaires, d'agréables boſquets devenoient leur fréquent *rendez-vous*, & le théâtre de leurs innocentes & utiles converſations. C'eſt là qu'ils réſolurent d'entreprendre un petit voyage par mer. Bientôt l'exécution ſuivit le projet: ils s'embarquerent; mais quel malheur! Le perfide élément, toujours jouet des orages, ſe couvre tout-à-coup d'écume & mugit, le ciel gronde, les flots s'amoncelent, le vaiſſeau périclite, enfin il ſe rompt & ſe partage en mille débris. Tous ſe lamentent, tous ſe noient, excepté nos deux jeunes gens, dont les mains avides ſaiſiſſent une frêle planche qui fuyoit. Ils s'efforcent inutilement d'en faire uſage : la planche trop petite n'en pouvoit ſauver qu'un. C'eſt alors qu'on vit naître un généreux combat d'amitié entre *Linus* & *Néris* : leurs cœurs ſe diſputent la gloire de s'enſevelir au milieu des flots. Celui-ci prétend avoir aſſez vécu, celui-là veut qu'il ſe conſerve en qualité de fils unique. *Je meurs*, dit l'un, *content de vous voir arraché à ce funeſte nau-frage. C'eſt inutile*, répond l'autre: *ſi la mer ne me fait périr, ce ſera ma douleur.* Funeſte ſort! Les éclairs redoublent, l'orage groſſit, les vagues s'élevent & s'abaiſſent pour creuſer un tombeau. Il ne reſte plus qu'un ſouvenir de *Linus* & de *Néris* dans l'eſprit de quelques Etrangers, qui, des bords du rivage, recueillirent de ſi précieux ſentiments. L'amitié même qui les avoit inſpirés, voulut les rendre immortels, en les conſacrant par ces Vers:

*Scribere cùm mortem hanc vellent in littore vates,*
*Principium multis verſibus illud erat.*
*Hæc tegit unda duos: amor, unum ſcribite, dixit,*
*Non poſſunt, quos ſic junximus, eſſe duo.*

On peut voir, par cette ingénieuse fiction, que les amitiés lentes ne sont, en quelque sorte, que des demi-amitiés, & qu'on doit épier l'occasion & la saisir, lorsqu'on veut réellement obliger. Ne me parlez pas de ces hommes, qui, après vingt ans d'absence, revoient un ami aussi froidement que s'ils l'avoient vu hier. J'aime à lire dans les gestes & dans les yeux, les sentiments qui affectent l'ame, & qui la remuent. Tout pétille & tout étincele dans le visage & dans le cœur d'un fidele ami, quand il se retrouve avec celui qu'il chérit, & qu'il n'a pas revu depuis long-temps.

## *L'Amitié eſt complaiſante.*

JE rencontre, par hazard, mon ami, & je le prie de m'accompagner : déja il eſt à mon côté, il ne me quitte plus, il oublie ſes affaires, & ne s'occupe que de notre plaiſir mutuel ; il ne reviendra que lorſque je voudrai revenir : mais n'ai-je point abuſé de ſa complaiſance ? Quelle penſée ! quel ſoupçon ! rien n'eſt plus capable de mortifier mon ami.

J'entre dans ſon cabinet, il lit & médite profondément ſur ſa lecture ; il m'apperçoit, & déja il n'eſt plus queſtion de Livres. Les penſées abſtraites ont diſparu ; c'eſt uniquement le plaiſir de m'entretenir qui l'occupe. En voudrois-je douter ? Ses démonſtrations & ſon air de ſatisfaction m'ont tout dit.

L'amitié prend toutes ſortes de formes, elle s'aſſortit à tous les caracteres, elle ſe modifie ſelon l'humeur qu'elle trouve, elle étudie les penchants, & elle les ſuit. Semblable à ces ruiſſeaux qui vont démêler les plus riants vallons, & précipiter à travers leurs ondes bienfaiſantes, ou plutôt comme une tendre vigne qui s'attache à un jeune arbriſſeau, & qui croît avec lui, les démarches de deux amis, leurs inclinations, leur ſon de voix peuvent s'appeller une heureuſe harmonie, ou une heureuſe image de toutes les parties de cet univers, qui ne ſubſiſtent que par l'enchaînement & par l'attraction.

Ainſi les volontés parmi les amis ſe confondent enſemble, & l'amitié les aſſortit ſi bien, qu'on ne les diſtingue plus ; ce ſont diverſes nuances, dont la peinture ne fait qu'une unique couleur.

---

### *L'Amitié eſt reſpectueuſe.*

IL ſuffit d'examiner les différentes gradations de l'amitié, pour convenir de ſa circonſpection & de ſon reſpect. Loin d'imiter l'amour qui ſe jette au hazard, & qui s'abandonne tout-à-coup à l'impétuoſité de ſes mouvements, elle regle ſa marche avec une prudence extraordinaire. Ainſi, ſans être timide, ni pareſſeuſe, elle examine, écoute, & lorſqu'elle ſe trouve ſatisfaite, elle répond, & elle interroge. Si les premiers entretiens ont plu, de part & d'autre, les viſites commencent, & enſuite viennent les lettres. D'abord on ſe donne très-reſpectueuſement le titre de *Monſieur*, & l'on finit avec les termes de *conſidération & d'eſtime*. Quand ce ſtyle a duré quelque temps, & qu'on éprouve certaines affections de l'ame qui aime de plus en plus, on joint le mot de *cher* à celui de *Monſieur*, juſqu'à ce qu'on en vienne enfin à la dénomination d'ami : alors la contrainte diſparoît, le langage du cœur prend celui de l'eſprit, & l'on écrit ſans art.

Ces gradations d'amitié durent plus ou moins long-temps, ſelon que le tempérament & l'eſtime réciproque en décident; mais, à quelque familiarité qu'on parvienne, l'amitié ne ceſſe jamais d'être reſpectueuſe. Toujours elle ſait ſe retirer, & ſe préſenter à propos, & jamais elle ne prend ce ton de libertinage & de bouffonnerie, ſi uſité chez les faux amis. J'appelle ainſi ceux qui ne s'aiment que par des raiſons de débauche & de jeu.

On demandera peut-être ſi le terme de reſpectueux, qui eſt inſéparable de l'amitié, exclut le *tu* & le *toi*; je répondrai qu'il y a d'excellents amis qui ne l'emploient jamais, & d'autres qui n'ont pas d'autre langage. Le *tu* & le *toi* ſont indifférents à l'amitié; de ſorte qu'il faut plutôt faire attention ſi la langue du pays ſouffre ces expreſſions, ou les exclut; mais, quoi qu'il en ſoit, on ne doit jamais s'en ſervir en public, crainte de manquer à la politeſſe. Ce n'eſt point à cette ſuperficie que ſe réduit l'amitié reſpectueuſe; voici comme je la conçois. Je me la repréſente ſous des dehors libres, mais honnêtes, n'exigeant de perſonne que ce que la bienſéance autoriſe. La modeſtie, toujours compagne de l'amitié, ſe trouve auſſi-bien entre deux perſonnes d'un ſexe différent, qu'entre celles qui ſont du même ſexe.

L'amitié reſpectueuſe s'étend

encore à d'autres objets. Outre les préjugés généraux qu'elle pardonne comme des foibleſſes attachées à chaque nation, elle ſouffre certains préjugés particuliers dans ceux qu'elle chérit, comme un tribut qu'ils doivent payer à l'humanité. Elle ſait que l'homme ſe retrouve toujours même chez le plus grand Philoſophe, & qu'ordinairement nous ne nous dépouillons d'un défaut, que pour en prendre un autre. Il y a de petites erreurs courantes parmi les plus honnêtes gens, qu'il eſt impoſſible d'arrêter. L'amitié ne les conſidere ſûrement pas avec un reſpect d'admiration; mais elle les ménage avec un reſpect de ſilence. Si l'on ſavoit bien diſtinguer ces deux ſortes de reſpect, on ne commettroit pas tant de fautes contre la bienſéance, & le monde ſe gouverneroit avec moins de confuſion. Mais on admire lorſqu'on devroit ſe taire, & l'on ne ſe tait pas, quand il faudroit diſſimuler.

---

*L'Amitié eſt éloquente.*

FAut-il produire ici tous les ouvrages que dicta l'amitié, ces modeles d'une éloquence auſſi vive que naturelle? Faut-il rappeller ces charmantes Eglogues, ces tendres Elégies, qui en ſeront à jamais des monuments? Mais qui doute de l'aménité, des graces & des attraits qui accompagnent toujours l'amitié? Exprime-t-elle ſes regrets ſur la mort, c'eſt la douleur même qui ſe plaint & qui gémit. Témoigne-t-elle ſa joie ſur le retour d'un abſent, ce ſont tous les plaiſirs qui ſe réuniſſent, & toutes les fêtes qui ſe renouvellent. Chaque terme eſt à ſa place, chaque phraſe vous enchante. Ici, c'eſt un noble déſordre où la nature paroît ſans fard; là, c'eſt une flamme qui s'élance du cœur, & qui répand une lumiere vive & pure.

Echos, fideles échos, répétez-nous toutes les leçons, tantôt triſtes, & tantôt joyeuſes, que vous donna l'amitié; rendez-nous ces chants qu'elle vous confia dans le ſilence des nuits & des forêts, ainſi que ces hymnes dont vous retentites

tites avec allégresse. Que d'éloquence, que de beautés! La personne la moins diserte écrit avec grace, & parle avec force, quand elle est inspirée par l'amitié. Celui qui n'aime pas réfléchit des heures entieres, & ne peut produire aucune belle pensée; celui, au contraire, qui aime tendrement, s'abandonne aux penchants de son cœur, & ses lettres deviennent le modele de la plus belle éloquence. L'amitié a le secret d'assortir les mouvements de la plume, & les vibrations mêmes de la langue, avec les sentiments du cœur. A qui attribuer ces traits vifs & généreux, ces expressions mâles & sublimes, ces saillies heureuses & raisonnables dont tant de lettres ſont remplies ? A l'amitié. Si les mêmes Auteurs les euſſent adreſſées à des perſonnes indifférentes, elles ſeroient ſans naturel, ſans ſeve & ſans vie.

Qui décora vos tombeaux, illuſtres Morts, de ces belles Epitaphes que j'admire, & que je lis? Qui donna, par des Vers ſi énergiques, une nouvelle vigueur à vos cendres mêmes? Ah! déja vous m'avez répondu, c'eſt à l'amitié ſeule que nous ſommes redevables de notre illuſtration & de notre immortalité. Sitôt après notre ſépulture, elle ſe tranſporta ſur ces marbres lugubres, & elle y traça avec ſes larmes mêmes, les regrets que vous liſez, & les éloges que vous admirez.

Sans école, ſans maître, ſans ouvrages polémiques, l'amitié forme tout-à-coup à la plus belle éloquence; elle ſait délier une langue qui étoit engourdie, & agiter une plume qui pouvoit à peine ſe mouvoir : oui, il faut l'avouer; l'eſprit eſt redevable au cœur de la plupart des réflexions qu'il fait, des phraſes qu'il produit, & des Livres qu'il compoſe. C'eſt toujours à cette ſource qu'on doit puiſer, ſi l'on veut ſuivre la nature.

L'éloquence de l'amitié n'a rien qui reſſemble aux expreſſions de l'amour, qui, toujours inégal dans ſes diſcours, ainſi que dans ſes démarches, paroît plutôt un torrent qui ravage, qu'un fleuve qui coule avec majeſté. La fureur eſt preſque toujours le langage des amants, & c'eſt ainſi qu'on parle, quand la paſſion inſpire. Telles ſont les Lettres d'*Abailard* & d'*Héloïſe*, où l'on n'apperçoit que rage & déſeſpoir.

Vive donc à jamais l'éloquence des amis. Quelle douceur dans leurs entretiens! quelle aménité dans leurs Ecrits! Il n'y a, ni enthouſiaſme, ni langueur, ni frénéſie, ni indifférence, ni orgueil, ni baſſeſſe, & tout eſt varié. La dignité s'y trouve, la juſteſſe & la raiſon; les tranſports y ſont calmes, les ſaillies naturelles, les reproches modeſtes, les diſputes aimables, les licences reſpectueuſes. Ah! s'il m'étoit permis, je citerois en témoignage les magnifiques

Lettres d'une illuſtre Dame Polonoiſe, l'honneur de ſon ſexe, & la gloire de notre ſiecle, la Princeſſe *Radziwil*, née Comteſſe *Czapska*; mais ſa modeſtie m'arrête, & je n'oſe dire qu'en tremblant que l'éloquence & l'amitié n'eurent jamais un ſi digne interprete de leur langage & de leurs ſentiments. Il ſeroit ſans doute à déſirer que le Public apprît par ces Lettres, combien l'amitié ſait employer à propos les différents ſyſtêmes de Métaphyſique & de Morale, pour exprimer ſes belles qualités. On ne la connoît ordinairement que comme une ſimple affection de l'ame, & on la connoîtroit comme une lumiere philoſophique qui examine & qui juge, attendu que la Princeſſe dont nous parlons, ſait être amie par raiſonnement autant que par ſentiment.

---

*L'Amitié eſt équitable.*

L'Amour diviniſe les objets de ſa paſſion, parce qu'il eſt aveugle, & l'amitié n'eſtime les qualités de ceux qu'elle chérit qu'à proportion de leur valeur, parce qu'elle voit clair. S'il n'y a que le bon cœur à louer, elle ne loue que le bon cœur.

Combien de fois l'amour n'a-t-il pas canoniſé des vices, & approuvé des démarches indécentes, tandis que l'amitié convenoit des défauts de celui qu'elle chériſſoit! Toutes les vertus ſont de pures émanations de la juſtice, & l'amitié conſéquemment doit être équitable. Comme Thémis elle a ſa balance, & elle peſe, ſans paſſion, les actions des uns & des autres. Ceux qui ſe figurent l'amitié toujours careſſante, la confondent avec la flatterie. Elle ſait auſſi-bien condamner qu'approuver, quoiqu'elle ne le faſſe jamais qu'avec une modeſtie & une circonſpection dignes de la généroſité de ſes ſentiments.

---

*L'Amitié eſt chaſte.*

L'Amitié finit où l'amour commence. Elle ne veut rien de mixte dans ſes affections qui procedent uniquement du cœur : il lui importe fort peu qu'une perſonne ſoit belle ou laide, parce que toujours ſentiment, & jamais ſenſation, elle n'a point les corps pour objets : ainſi une amitié toute pure peut ſubſiſter entre deux perſonnes d'un ſexe different.

Je ſais qu'il eſt difficile aux femmes de devenir ſimplement amies, parce qu'elles ne peuvent guères aimer ſans paſſion ; mais il y en a qui triomphent de cette difficulté :

alors

alors leur amitié eſt plus raiſonnable que celle des hommes; car il faut qu'elles ſe prémuniſſent d'une raiſon forte, qui faſſe taire leur paſſion.

Cependant comme toute ſituation violente ne dure pas, il arrive très-ſouvent que la paſſion des femmes reprend ſa place, & qu'après avoir été quelque temps amies, elles finiſſent par devenir amantes; mais alors c'eſt l'amour qui ſe ſubſtitue à l'amitié, & conſéquemment l'amitié ne ceſſe pas d'être chaſte.

L'amitié fondée ſur des rapports de ſcience ou d'eſprit, ſe ſoutient beaucoup plus facilement entre les perſonnes d'un ſexe différent, parce que les idées ſpirituelles ayant dequoi ſe nourrir, n'ont pas beſoin de recourir à des affections charnelles ; mais l'amitié qui n'a point ces appuis, ou n'eſt qu'une ſimple eſtime, ou elle eſt toujours au moment de faire place à l'amour.

La chaſteté dont l'amitié ſe pare, s'annonce juſques dans les tableaux où les Peintres nous la repréſentent. On la voit modeſte, n'ouvrir les yeux qu'à demi, ne ſourire qu'avec diſcrétion, ne produire de charmes que ceux que la pudeur permet. Son aſpect la rend toute aimable. En vain on oſeroit ſoupçonner que l'amitié ſe dédommage en ſecret, de la retenue qu'elle montre en public. Toujours également ſage, elle ſe reſpecte, & ſe fait reſpecter. Ni les libertés, ni les équivoques ne ſauroient lui plaire, parce qu'elle ne ſe familiariſe jamais qu'avec dignité.

Oppoſons l'amour à ce portrait, & nous verrons un parfait contraſte. Mais ici la modeſtie vient elle-même tirer le voile, & nous avertir qu'on ne peut parler des licences de l'amour, ſans être ſoi-même licencieux.

Il faut avoir bien ſoin de diſtinguer l'amour conjugal, de la paſſion dont nous parlons; car celui-là, raiſonnable & légitime, a preſque tous les caracteres de l'amitié, ou du moins il les acquiert inſenſiblement. On voit, en effet, les époux plutôt amis qu'amants, & cela doit être, parce que le feu venant à s'éteindre, il ne reſte plus qu'une chaleur douce & naturelle.

---

### *L'Amitié eſt religieuſe.*

JE ne dis pas aſſez en nommant l'amitié religieuſe; je devrois l'appeller ſacrée. Elle eſt la conſolation des ames pieuſes, la vertu des Héros, la gloire de l'humanité. Saint Auguſtin la préconiſe dans un Traité compoſé tout exprès; ſaint Paul l'exprime, d'une maniere admirable, dans toute ſa perſonne & dans toutes ſes lettres; & notre divin Légiſlateur lui-même l'a conſacrée, par ſon affection particuliere pour Jean le Diſciple bien-aimé.

N'en ſoyons point ſurpris. L'amitié n'eſt que la charité qui réunit tous ſes rayons ſur un même objet. Ici, elle eſt fidelle & généreuſe; là, elle eſt patiente & ſincere; mais chez l'ami elle eſt tout enſemble. Ces liaiſons libertines dont la jeuneſſe ſe fait honneur, ces ſociétés intéreſſées ou bouffonnes dont le monde fourmille, ne ſont donc point des amitiés; & voilà pourquoi tant de perſonnes qui ſe diſent amies, n'en ont que le ſimple nom.

Mais c'eſt parce que l'amitié eſt religieuſe, qu'il y a peu d'amis; car la Religion eſt fort rare. Les cœurs ont toute la peine poſſible à ſe rendre flexibles, tendres, compatiſſants; ils rejettent en conſéquence les vertus, & ne veulent que des ſenſations qui les flattent.

L'amitié religieuſe, telle que nous devons la concevoir, exclut toute idée de ſuperſtition. Elle eſt religieuſe dans l'exactitude à tenir parole, dans la fidélité à garder le ſecret, dans l'attention à obliger, dans le culte qu'elle doit à Dieu, & nullement dans les minuties. Elle ſait que des dévotions mal entendues rétréciſſent le cœur & l'eſprit, & il lui faut de la magnanimité dans les ſentiments & dans les idées.

On ne ſauroit croire combien il y a de ſociétés qui ſe parent du nom d'ami, & où l'on ne trouve aucun des caracteres que nous venons de tracer. Il ſemble qu'on ne s'unit plus aujourd'hui que pour ſe communiquer des défauts, des doutes, & des opinions toutes contraires à la Religion. La Franc-Maçonnerie voulut nous perſuader pendant quelque temps qu'elle étoit la véritable école des amis, & que tous ceux qui ſe rangeoient ſous ſes loix ne ceſſeroient jamais de ſe ſecourir & de s'aimer ; mais nous avons vu que l'amitié de cette confrairie étoit auſſi chimérique que ſon ſecret, & que ſes belles maximes n'ont ſervi qu'à favoriſer le déſœuvrement & à exciter la curioſité.

Tout cela prouve que les qualités de l'amitié, dont nous avons fait l'énumération, ne ſont point des idées romaneſques, & qu'il faut réellement les posséder, pour pouvoir être fidele ami. Si l'on sonde son cœur, on conviendra de cette vérité; mais qu'il est difficile à l'homme, au milieu du tourbillon qui l'agite, de se sentir & de se voir! De cette difficulté naît la disette des amis, qui ne peuvent devenir tels qu'en s'examinant, qu'en conversant souvent avec eux-mêmes, & qu'en jouissant de la totalité de leur être. Il est une Arithmétique intérieure, qui consiste dans le calcul raisonné de nos sentiments, de nos penchants & de nos idées, dont nous devons faire un grand usage, lorsqu'il s'agit de former une amitié. Nous venons à bout d'apprendre, par le moyen de cette opération, autant métaphysique que morale, ſi la qualité de nos perceptions répond à l'eſprit de la perſonne que nous voulons aimer, & ſi la ſomme de nos défauts eſt inférieure ou excédante. Alors nous travaillons à nous mettre en équilibre, ſoit en nous élevant, ſoit en nous abaiſſant, de maniere qu'il y ait, de part & d'autre, une juſte compenſation.

L'univers entier n'eſt que le réſultat d'une parfaite harmonie, dont l'amitié doit être la véritable image. L'âcreté d'un ami ſe corrige par la douceur de l'autre, & le flegme de celui-ci modere la vivacité de celui-là; car il faut bien ſe convaincre que la nature n'ayant pas fait deux choſes ſemblables, on ne devient point ami par reſſemblance. Chacun a ſes goûts, ſes opinions, ſes idées; & quelque grande que ſoit une ſympathie, l'attention à ſe contenir & à ſe réformer, eſt toujours d'un grand avantage chez les hommes qui connoiſſent leurs défauts, & qui veulent ſe conſerver amis.

---

### *L'Amitié n'eſt pas auſſi rare qu'on le dit.*

IL y a peu de propoſitions qu'on doive généraliſer : ou les unes ſouffrent des exceptions, ou les autres demandent des reſtrictions. On ne ſuppoſe l'amitié extrêmement rare, que parce qu'on s'eſt accoutumé à nommer amis preſque tous ceux qu'on connoît, & à se croire en droit d'en exiger des services essentiels. Il faudroit savoir qu'il y a dans la société des personnes dont on ne doit se servir que pour converser, & d'autres pour prendre simplement conseil. Mais on pense tout différemment; on demande une grace, & même de l'argent, à un homme qui refuse, parce qu'on n'a point avec lui une étroite liaison, & l'on publie ensuite qu'on ne trouve plus d'amis. J'ai connu plusieurs étrangers qui n'étoient qu'à demi-contents des grandes politesses qu'on leur faisoit en France, parce qu'ils soupçonnoient qu'on ne leur auroit pas rendu de grands services, s'ils en avoient eu besoin. Leur ſoupçon étoit juſte; mais leur prétention n'étoit-elle pas ridicule? Une lettre de recommandation ne fut jamais une lettre de change, & il me paroît qu'un voyageur n'a rien de plus à prétendre qu'un gracieux accueil, de la complaiſance, de l'aſſiduité, & des attentions rélatives aux mœurs & aux pays.

Cherchons donc les amis chez les amis mêmes, c'eſt-à-dire, chez ces perſonnes qui ſe connoiſſent depuis long-temps, qui ont mis leur ame & leur humeur à l'uniſſon, qui goûtent le doux plaiſir de ſe communiquer leurs deſirs & leurs penſées; & nous trouverons encore heureuſement des hommes déſintéreſſés, diſcrets, ardents à rendre ſervice, & qui plutôt que de trahir un ſecret, ou que de manquer une occaſion déciſive, aimeroient mieux retracer à nos yeux ce que l'hiſtoire nous dit de plus touchant ſur l'amitié.

Ah! ſi j'oſois proférer ici certains noms auſſi chers à mon eſprit qu'à mon cœur, je prouverois que l'amitié regne encore ſur la terre, & qu'elle y opere des prodiges. Mais, ſans parler de ce qui me concerne, j'ai vu des perſonnes ſe dépouiller en quelque ſorte pour obliger des amis, vendre leurs bijoux, emprunter enfin des uns & des autres, & ne ſe réſerver que l'avantage & l'honneur de n'en dire mot.

Citons à cette occaſion la magnifique Lettre du Comte de ... au

Chevalier de .... Tous les deux ſont mes amis, & tous les deux m'ont confié ce que je ne puis tranſcrire ici qu'en ſupprimant leurs noms. Le Comte, devenu riche héritier par la mort de ſon pere, annonçoit ainſi cette nouvelle en 1746 au Chevalier ſon ami.

*Vous partagez mes larmes, mon cher ami, vous partagerez mes biens. L'amitié nous a rendu freres, l'amitié nous rendra héritiers du pere que nous pleurons. La fortune eſt aveugle; mais je vois clair, je vois que mes richeſſes n'auront de prix qu'autant qu'elles vous ſeront utiles. Acceptez, ſans peine, l'offre que je vous en fais, & ne me regardez que comme un Fermier qui vous paie une rente avec exactitude. Sur-tout point de re-*

*merciement ; je ſuis payé par le ſeul plaiſir de vous en faire. Vous jouiſſez donc à préſent de quinze mille livres de rente, qui ſeroient toutes à vous, ſi vous étiez moins généreux ; mais je vous connois ; vous en conſacrerez plus de la moitié pour obliger les autres, & c'eſt par cette raiſon que vous avez mérité vous-même qu'on vous obligeât. Adieu. Félicitez-moi ſeulement d'avoir une ame ; car dans tout ceci je ne remplis que les devoirs d'homme.*

Ici tout éloge ſeroit inférieur à de ſi nobles ſentiments. Quelle générosité ! quelle lettre ! Les ames de boue la jugeront romaneſque ; mais un jour viendra que ſon authenticité ſera confirmée d'une maniere irrévocable. C'eſt un trait d'héroïſme qui doit aller à la poſtérité, ainſi que le nom du héros.

J'ai vu encore quelque choſe de plus merveilleux ; j'ai vu une perſonne honorer l'humanité au point de faire une rente annuelle de ſes propres deniers, ſous un nom emprunté, pour s'épargner le plaiſir de l'amour-propre, & la mortification d'un remerciement. Nouveau trait qui ſera un jour connu & divulgué. Je tire mes exemples de la généroſité ; car je ſais qu'en fait d'amitié l'intérêt eſt la pierre de touche, & que quiconque a le cœur bien placé, devient néceſſairement ami.

Si nous ne voyons plus d'amis mourir les uns pour les autres, c'eſt parce que les circonſtances ne l'exil'exigent pas; car je ne doute nullement que les perſonnes dont je viens de parler, ne répandiſſent leur ſang. On meurt tous les jours avec raiſon pour le ſervice de ſon Prince, pourquoi ne mourroit-on pas pour celui d'un ami? Notre ſiecle, tout frivole & tout corrompu qu'il eſt, n'exiſte pas ſans vertu. S'il y eut des hommes pervers dans tous les temps, il y eut auſſi, & il y aura toujours, des hommes ſinceres & généreux. Les amis ſont en petit nombre comme les Elus; mais, du moins, ce petit nombre eſt réel.

L'amitié, quoique rare, a donc encore plus de diſciples qu'on ne croit. Si, d'ailleurs, elle devenoit auſſi commune qu'on le voudroit, elle n'auroit plus le même prix. Un ami ne ſemble un tréſor, que parce que la découverte en eſt difficile. Si l'amitié ſe communiquoit de toutes parts, on en viendroit au point d'aimer également tout le monde, & dès lors l'amitié ceſſeroit d'être ce qu'elle eſt. Notre cœur, ainſi que notre eſprit, doit avoir des proportions, & ne ſe décider qu'avec ſageſſe & diſcrétion. L'humanité eſt faite pour tous les cœurs, mais non pas l'amitié.

---

## *Pourquoi l'Amitié eſt rare.*

LA nature, auſſi économe dans la diſtribution des bons cœurs que des beaux eſprits, contribue elle-même à la rareté des amis. Nous naiſſons emmaillottés de tant de paſſions différentes, qu'il n'y a que certains hommes privilégiés qui viennent à bout de mettre à l'aiſe leurs ſentiments & leurs idées. Celui-ci eſt offuſqué par les vapeurs de l'orgueil, celui-là eſt enchaîné par l'avarice. On ne ſauroit croire combien la corruption nous aſſujettit à ſes penchants. Notre cœur eſt une eſpece de thermometre, qui hauſſe ou baiſſe ſelon les dégrés de chaleur de l'imagination & du ſang, & qui rend conſéquemment variables nos inclinations & nos mœurs. Or, l'amitié qui cherche à ſe fixer, ne ſauroit s'accommoder de cette mobilité, & c'eſt par cette raiſon que peu de perſonnes ſont capables des efforts qu'il en coûte pour devenir ami.

D'ailleurs, preſque toutes les nations ayant en elles-mêmes des vices d'origine, diamétralement oppoſés aux caracteres de l'amitié, j'oſe dire que nous devons, en quelque ſorte, nous dénaturaliſer, lorſque nous voulons être amis. Cette propoſition qui, au premier abord, paroît un paradoxe, n'en eſt pas moins vraie; car l'Anglois eſt obligé de ſe défaire de ſon flegme, le François de ſa légéreté, l'Italien de ſa politique, l'Allemand de ſa rigidité, le Polonois de ſon indifférence : autrement point d'amitié.

Mais le grand obſtacle qui empêche les hommes d'être amis, c'eſt l'intérêt. On disoit autrefois, ami jusqu'aux Autels ; on peut bien dire maintenant, ami jusqu'à la bourse. Toutes les offres de service, toutes les protestations d'attachement, viennent ordinairement échouer au premier mot d'emprunt. Ce même homme, qui devoit hier vous suivre dans vos dangers, vous prévenir dans vos besoins, faire, en un mot, des prodiges, va pâlir ou rougir, si vous le priez de vous prêter quelques misérables pieces d'or. Il ne verra plus en vous qu'un importun qu'il faut éviter. Ordre à ses Domestiques de ne plus vous laisser entrer ; défense à ses yeux de vous appercevoir.

Ajoutons que presque tous ceux qui se plaignent de la disette des amis, contribuent à ce malheur. On ne travaille point à la réforme du cœur, & l'on s'imagine toujours qu'il n'y a que le voiſin qui doit ſe corriger. Ainſi nous ne connoiſſons de défauts que ceux des autres; & au lieu de deſcendre en nous-mêmes, pour découvrir le mobile de nos actions, & pour le détruire ou le perfectionner, nous examinons continuellement nos freres, & nous les jugeons. Il ſemble que notre ame n'a point d'yeux pour ſe voir, & que tout objet qui n'eſt point à notre droite, ou à notre gauche, ne ſauroit être apperçu. Delà nos antipathies, nos haines, nos préjugés; delà cet amour-propre qui nous perſuade que nous ſommes généreux, ſinceres & patients, tandis que l'avarice, le menſonge & la mauvaiſe humeur nous tyranniſent.

Les cœurs s'électriſent par l'amitié, & la plupart des hommes ne ſont pas en état de ſoutenir cette électriſation : ils tombent en ſyncope à la vue de ces tourbillons d'étincelles que leurs paſſions engendrent, & que leur amour-propre étouffe ſi adroitement au-dedans d'eux-mêmes. Ce ſeroit donc la plus terrible épreuve pour l'humanité, ſi le cœur devenoit tranſparent comme le verre. Ainſi l'amitié paroît redoutable, & ſes charmes s'éclipſent, pour faire place à la crainte d'être dévoilé. Tant qu'on ne contemple que ſa ſurface, on ſe croit parfait ; mais ſitôt qu'on s'anatomiſe, on ſe trouve eſclave de mille vices qu'on prenoit pour des vertus.

Il faudroit agir de bonne foi, convenir, de part & d'autre, de ſes qualités bonnes & mauvaiſes, & travailler de concert à déraciner celles-ci, & à perfectionner celles-là : mais que les hommes ſont éloignés de ces maximes ! Ou ils ſe croient ſans défauts, ou ils s'obſtinent à perſévérer dans leurs vices. Cependant l'amitié eſt un fonds qui ne fructifie que lorſqu'on le cultive à fraix communs. Chacun doit contribuer à l'embellir, & à s'en faire un tréſor de douceurs & de conſolations. Montrez-vous, charmante amitié, telle que vous êtes, & nous aurons honte de ne

pas

pas ſuivre vos attraits, ou nous ſerons réellement aveugles. Nous voulons tout rapporter à nous-mêmes, & nous ne ſavons pas qu'on ne s'aime jamais mieux que lorſqu'on aime les autres, puiſqu'on trouve alors le moyen de vivre doublement.

---

### *Peu de perſonnes ſont capables d'être amies.*

LA diſſipation & l'humeur font plus de tort à l'amitié qu'on ne s'imagine. Ce n'eſt pas toujours le plus grand feu qui cauſe le plus de ravage; quelquefois une étincelle embraſe toute une Ville. On n'a pas le temps de penſer aux charmes de l'amitié, ni le loiſir de fixer ſon cœur, lorſqu'on eſt diſſipé, & l'on manque de la douceur néceſſaire aux amis, quand on ſe laiſſe dominer par l'humeur. Or, en partant de ce double principe, ne nous étonnons plus de ce que les hommes, preſque tous volages ou hargneux, vivent & meurent ſans être amis.

La diſſipation a beaucoup de branches : elle comprend les étourdis, les voluptueux, les oiſifs, les turbulents ; l'humeur n'en a pas moins : elle s'étend aux miſanthropes, aux bigots, aux querelleurs, aux vindicatifs, aux joueurs. L'amitié, en perdant toutes ces ſortes d'êtres, perd plus des trois quarts du genre humain. Il ne s'agit que de calculer, en retranchant premiérement les jeunes gens, généralement plongés dans la diſſipation & les plaiſirs des ſens; ſecondement, les vieillards, preſque tous atrabilaires, incommodes & grondeurs; troiſiémement, les perſonnes qui, entre ces deux états, ont les défauts de l'un & de l'autre. Je ne prétends pas qu'il n'y ait ici des exceptions à faire, & que l'amitié ne puiſſe exiſter chez un homme ſujet à la diſſipation & à la mélancolie; mais j'oſe avancer que ce ſont des cas rares, & que tout ami volage ou bourru n'eſt guères propre qu'à ces ſortes de liaiſons, qui ſont plutôt des connoiſſances que des amitiés.

Si nous introduiſons maintenant

ſur la ſcene l'ambition, l'avarice, l'amour & le jeu, nous n'aurons pas de peine à convenir que les amis doivent être rares. On ſait les ravages qu'excitent ces malheureuſes paſſions, & combien elles ſont contraires, par leur nature, à un véritable attachement. L'ambitieux eſt toujours prêt à ſacrifier ſon ami, l'avare à l'abandonner, le joueur à l'oublier, l'amant à le négliger : ainſi la pauvre amitié, de quelque côté qu'elle ſe tourne, ſe voit obligée de ſe reſſerrer dans un petit cercle d'hommes privilégiés, où elle forme la République la plus ſage & la plus charmante. Nous ſommes tous appellés pour être amis, comme cela paroît dans nos premieres années par notre empreſſement à nous lier avec nos condiſciples ; mais, en ce genre, il y a très-peu d'élus. Nous ſuivons, au ſortir du Collége, le torrent des paſſions qui nous entraîne avec rapidité, & nous pouvons à peine entrevoir les charmes de l'amitié.

Pluſieurs ont imaginé rendre un hommage réel à l'amitié, en lui érigeant un temple idéal : les Poëtes ſont pleins de ces fictions; mais l'amitié, qui ne veut d'aſyle que dans les cœurs, mépriſe de pareils édifices. Ouvrons-lui donc nos ames, & ne cherchons à la placer que dans ce ſanctuaire intérieur, où la raiſon commande, & où le ſentiment obéit.

On croira peut-être, après tout

ce que nous avons dit, qu'il ſuffit de faire taire les paſſions, pour vivre ſous l'empire de l'amitié; mais ſi l'on examine bien les hommes, on reconnoîtra que pluſieurs, par leur état, ſont preſque incapables d'être amis. Je m'explique. Les Religieux, par exemple, ne doivent point, ſelon leur Regle, contracter de liaiſons particulieres; & d'ailleurs accoutumés à ne manquer jamais du néceſſaire, & à voir toujours des viſages nouveaux, ils n'ont, ni cette ſenſibilité, ni cette complaiſance, ni cette ſociabilité que tout ami doit avoir en partage. Bien des gens en place ſe trouvent preſque dans le même cas, parce que leur cœur ſe familiariſant inſenſiblement avec la duplicité, les intrigues & la ſupercherie, ils deviennent, comme malgré eux, défiants & diſſimulés, & rien n'eſt plus contraire à un véritable attachement; car qu'eſt-ce qu'un ami, ſinon une perſonne dont l'ame tranſparente ne laiſſe entrevoir que fidélité, douceur, tendreſſe, confiance & ſincérité ; une perſonne complaiſante ſans foibleſſe, ferme ſans rudeſſe, ardente ſans paſſion, zélée ſans inquiétude, généreuſe ſans oſtentation.

Les titres de grandeurs, imaginés par orgueil ou par néceſſité, ont tellement abſorbé celui d'ami, qu'on n'eſtime plus que la qualité de riche & de puiſſant. L'amitié a tout perdu, en perdant l'âge d'or. L'humanité toute entiere y reſpiroit ſous un air de candeur, & les guerres n'avoient point amené cette humeur farouche, qui, ſous prétexte de rendre les hommes plus mâles & plus courageux, les rend beaucoup moins ſenſibles & moins complaiſants. L'amitié n'appercevoit alors que des ruiſſeaux de lait ſerpenter dans les plaines, & aujourd'hui elle eſt obligée de voir des fleuves de ſang qui ravagent ſon empire & qui le diminuent; elle n'appercevoit que des fleurs éclorre du ſein de la terre, & maintenant elle en voit ſortir des mines d'un miſérable argent, qui fait triompher la cupidité.

### *De la Néceſſité d'un Ami.*

IL faut qu'un ami ſoit bien néceſſaire dans le commerce de la vie, puiſque le Sage compare ſa découverte à celle d'un tréſor. Qu'il eſt doux de trouver un autre ſoi-même, qu'on écoute comme ſon conſeil, qu'on ſuit comme ſon guide, & qu'on regarde comme ſa lumiere! La vie eſt à charge, ſans le ſecours d'un fidele ami. Mille circonſtances critiques en font connoître, à tout moment, la néceſſité.

On me calomnie, j'ai recours à mon ami, & il me rend la juſtice qu'on me refuſe; on me dépouille de mes biens, je l'appelle, & il m'enrichit des ſiens; on me perſécute, on me pourſuit, & il m'offre un aſyle : la maladie m'accable, la mort s'approche, je perds la vie, il me conſole, il partage mes douleurs, il entre en agonie avec moi, & s'il me ſurvit, ce n'eſt que pour arroſer ma cendre de ſes pleurs, pour la décorer d'une Epitaphe que lui dicte la douleur, pour publier enfin qu'il a tout perdu, en perdant ſon ami. Il fait plus : ſi j'ai des enfants, il en devient le pere, il me rappelle continuellement à leur ſouvenir, & il croit revoir en eux l'ami qu'il pleure.

Qui pourroit méconnoître les avantages d'un ami! Je recueille ſon conſeil comme un Oracle, je le conſerve comme le gage précieux d'une tendresse à toute épreuve, je le mets à profit avec la sécurité que donne la parfaite confiance.

L'amitié, à titre de compagne des plaisirs & des disgraces, doit faire l'objet de nos recherches; car, ou nous sommes dans la joie, ou dans l'affliction. Le Philosophe, qui semble respirer entre ces deux états, sent que sa Philosophie ne lui suffit pas, s'il n'en fait un sujet d'entretien, & il veut devenir ami. Le Souverain, rassasié de biens & d'honneurs, cherche à se mettre à l'aise, & à épancher son cœur. Le vrai Chrétien, plein de Dieu, désire d'en parler, & d'avoir conséquemment une liaison toute sainte qui nourrisse son zele & sa charité. L'homme d'esprit, après avoir penſé ſeul, prend plaiſir à faire penſer les autres, & à étendre ſon être, en étendant ſes idées. Ainſi le beſoin d'un ami ſe manifeſte dans toutes les conditions, au point que Denis le tyran ſe croyoit miſérable au milieu de ſes grandeurs & de ſes tréſors, & qu'il fit mille ſupplications pour entrer en tiers dans l'amitié de deux perſonnes intimement unies.

Je préſume, en conſéquence, que le plus vif chagrin des Grands devroit être leur incertitude par rapport aux amis; car, hélas! qui peut leur garantir que, parmi tous ces Courtiſans qui les environnent, il exiſte un ſeul cœur ſincere & déſintéreſſé à offrir? L'amitié, qui eſt un ſentiment réciproque, &

qui ne ſe meſure que ſur celui qu'elle chérit, ne s'attache pas, ſans doute, à des hommes durs par caractere & par état. Or, les Grands ne ſont-ils pas, pour la plupart, dans ce malheureux cas?

L'amitié, toute vertu qu'elle eſt, n'exiſte pas comme la ſageſſe, la force, ou la tempérance, qui n'ont beſoin que d'une ſeule ame pour ſe ſoutenir & briller; elle doit néceſſairement vivre dans deux cœurs, & voilà pourquoi on trouve beaucoup plus facilement des ſages que des amis : car je me ſuffis à moi-même pour pouvoir être prudent; mais j'ai beau vouloir devenir ami, je ne le puis abſolument, s'il ne ſe trouve, en quelque ſorte, un autre moi. C'eſt par cette raiſon que l'homme, qui a continuellement beſoin d'appui, doit chercher à multiplier ſes ſentiments & ſes idées, en s'identifiant avec ſon ſemblable. L'eſprit & le cœur ſont, pour ainſi dire, ſolitaires chez une perſonne qui vit ſans ami, au lieu qu'ils deviennent ſociables chez ceux qui s'aiment : nouveau motif pour écouter la voix de l'amitié ; car tout homme eſt né pour la ſociété.

Je vais plus loin, & je ſoutiens que toutes les vertus ſont redevables à l'amitié : combien de perſonnes n'a-t-elle pas arrachées au vice, pour en faire des êtres raiſonnables & modérés ! Heureuſe dans l'art d'émouvoir & de perſuader, elle remet ſouvent les cœurs dans l'équilibre, & elle les rappelle à leurs devoirs. Bien des hommes ſe ſont ſouvent perdus, faute d'avoir un bon ami; il les auroit remis dans la voie de la juſtice & de la vérité. Nous ſommes de foibles arbriſſeaux, toujours prêts à nous courber vers la terre, ſi nous n'avons un ſoutien. Auſſi l'Ecriture dit : Malheur à l'homme ſeul. *Væ ſoli.*

S'il en eſt ainſi des reſſources d'un ami, quelle perte lorſque la mort le ravit ! Qu'on nous dépouille de nos biens; qu'on noirciſſe notre réputation; que la fortune nous confonde avec le vulgaire; que la maladie nous dévore & nous accable, nos maux ne ſont point à notre comble, pourvu que nos amis vivent, & qu'ils s'entretiennent avec nous. Comment remplacer un ami fidele, comment se consoler de sa perte? Faire gémir un écho? mais que me dira cet écho; le nom de mon ami qui n'est plus. Promener sa douleur au milieu des forêts? mais ces forêts, par leur silence & leur horreur, ne feront qu'entretenir mon chagrin. Se répandre au milieu du grand monde? mais tous les différents visages que j'appercevrai, ne serviront qu'à me faire regretter le seul que j'aimois à voir, & que je ne verrai plus.

On ne sent bien réellement la nécessité d'un ami, que lorsque la mort le ravit. On se rappelle alors mille promenades & mille conversations, qu'on croyoit dans le temps

temps indifférentes, & auxquelles on n'avoit preſque pas pris garde, & on les regrette comme une félicité qui s'eſt évanouie : cela eſt ſi vrai, que, lorſqu'on retourne dans les endroits où l'on avoit poſſédé ſon ami, ces endroits mêmes, fuſſent-ils les plus riants de l'univers, paroiſſent des ſolitudes affreuſes, & vraiment inſupportables.

Nous n'avons parlé dans tout cet article que de la néceſſité d'un ſeul ami : car, outre que la multiplicité des amis réels eſt impoſſible, elle ſeroit ſouvent à charge. Il eſt bon de rechercher à augmenter notre être; mais il ne l'eſt pas de le diſtraire de la grande attention qu'il doit particuliérement à ſon Créateur & à lui-même. On ne ſauroit croire combien ces hommes, qui prétendent avoir partout des amis, ſont diſſipés. Leur vie ſe paſſe à lire des lettres & à en écrire, à recevoir des viſites & à en faire, de ſorte que de telles amitiés ne ſont que des liaiſons tumultueuſes, qui inquietent le cœur au lieu de le tranquilliſer. Replions-nous ſur nous-mêmes, & penſons que l'amitié, comme le feu, n'a plus la même activité, lorſqu'elle ſe répand ſur pluſieurs objets. Une amitié partagée ne vaudra jamais une amitié concentrée. Les rayons de lumiere ont toute une autre force, lorſqu'ils ſe réuniſſent dans un ſeul point.

## *Du Choix d'un Ami.*

LE choix d'un ami n'eſt pas ſeulement l'ouvrage du cœur, ou celui de l'eſprit, mais il eſt l'un & l'autre enſemble; car ſi l'on ne conſultoit que l'eſprit, on ſeroit ſouvent ébloui par le feu de quelques ſaillies, & l'on s'attacheroit à des perſonnes qui ne méritent peut-être pas un coup d'œil; & ſi, au contraire, on ne s'en rapportoit qu'au cœur, on riſqueroit de n'aimer qu'en amant, & de contracter une liaiſon qui ne ſeroit, ni agréable, ni utile. La raiſon doit toujours accompagner le ſentiment, & nous perſuader qu'il y a des hommes dans la société qu'on ne doit voir qu'en passant, d'autres qu'on doit cultiver par des raisons de bienséance ou d'intérêt, & quelques-uns enfin, mais en très-petit nombre, dont on puisse rechercher l'amitié.

Le visage n'est souvent qu'un masque, l'esprit qu'un clinquant, le cœur qu'un sentiment confus, la voix publique qu'un préjugé; de sorte qu'il faut interroger d'autres maîtres, lorsqu'on veut s'associer un ami. Les idées qui se croisent ont besoin d'être remises chacune à leur place, & les sentiments qui naissent souvent en nous comme malgré nous, exigent qu'on les développe, & qu'on les examine. Tout ceci n'est pas l'affaire d'un moment : le cœur doit, en quelque ſorte, plaider ſa cauſe contre l'eſprit, & l'eſprit contre le cœur, & il réſulte d'un pareil procès qu'on ne ſe détermine qu'après avoir peſé & jugé.

Les François changent ſouvent d'amis, faute d'examiner, & les Anglois meurent ſouvent, ſans en avoir jamais eu, faute de pouvoir ſe décider. L'amitié fait éviter ce double écueil : elle ſe contente de prendre les meſures qu'on a coutume d'employer dans les affaires les plus importantes ; elle commence par faire taire les paſſions & les préjugés, & voyant alors l'ame toute nue, ſi l'on peut parler de la ſorte, elle ſuit ſa lumiere, ſans crainte de s'égarer. On ne ſe brouille ordinairement parmi les amis, que parce qu'on a mal choiſi; & combien un mauvais choix dans cette matiere n'eſt-il pas dangereux! Un faux ami nous précipite dans les abymes les plus affreux, ou il compromet notre réputation, ou il éteint notre religion, ou il diſſipe notre bien, ou il pervertit nos mœurs. Cette malheureuſe chaîne de tant de matérialiſtes & d'hommes corrompus, qui groſſit de jour en jour, ne s'eſt formée que par des liaiſons faites ſans diſcernement & de pur hazard. Des préjugés ſe ſont accrochés les uns aux autres, des paſſions ont cimenté cette union, & bientôt les paradoxes & les ſophiſmes, l'ignorance & l'impiété, ont enfanté des ouvrages &

des ſectes, où l'homme oſe ſe meſurer avec Dieu même, & condamner ſa loi. Quelle amitié que celle qui tend à dégrader notre être, & qui ſe joue de la Religion & des mœurs!

Il eſt donc plus important que jamais de bien examiner les perſonnes qu'on veut s'aſſocier pour amis, puiſque le libertinage d'eſprit & de cœur travaille à faire des proſélytes, & à ſe répandre de toutes parts. Je connois une multitude de jeunes gens qui n'ont embraſſé le Déiſme, que parce qu'ils avoient donné leur confiance à l'aventure. Ils ſentoient leur malheur; mais ſoit fauſſe honte, ſoit envie de ſuivre la mode, ils n'oſoient plus ſe rétracter. L'amitié, ſans doute, gémit de voir qu'on ſe ſert de ſon nom & de ſon viſage, pour cimenter des liaiſons dont elle a une véritable horreur; mais ſes gémiſſements, qui ne retentiſſent qu'au fond du cœur de quelques hommes de bien, ne ſont point entendus, & le torrent des amis faux & vicieux groſſit & coule avec plus de rapidité que jamais.

Il n'appartient qu'à l'amour, comme nous l'avons déja dit, de ſe décider au premier coup d'œil, & de s'enflammer à l'aſpect d'un viſage, d'un geſte ou d'un regard; & c'eſt ſouvent ſur de pareils fondements que bien des époux contractent une union indiſſoluble & ſacrée, tandis que l'amitié, qui ne peut

peut jamais prendre des engagements aussi forts, puisqu'elle est toujours maîtresse de les rompre, délibere, attend, & ne se détermine qu'après bien des informations & des épreuves. Elle sait que si la loi ne l'oblige point à se fixer d'une maniere irrévocable, elle se doit à elle-même l'honneur d'être sincere & fidelle. Ainsi l'amitié, par la liberté qu'elle a de se détacher à chaque instant, goûte une satisfaction toujours nouvelle, que n'éprouvent point des époux obligés de s'aimer; & c'est en cela que l'amitié, qui aime volontairement & librement, a un avantage au-dessus de l'amour conjugal, qui aime par devoir & par obligation.

On ne sauroit croire jusqu'à quel

point le choix des vrais amis eſt devenu difficile depuis quelque temps. Nous avons tellement dénaturé nos êtres, ſi l'on peut parler de la ſorte, que le cœur, qui étoit créé pour aimer, a voulu raiſonner, & l'eſprit fait pour raiſonner, a cru devoir aimer. Suivant ce déſordre, nous penſons par ſentiment, & nous n'aimons qu'en idée. Les ſciences mêmes, qui ſe modifient ſelon notre maniere de percevoir & de ſentir, ont preſque toutes changé d'objet : car la Métaphyſique, qui n'avoit que Dieu & l'ame en vue, entre aujourd'hui dans la définition de la Médecine & des corps ; & la Phyſique, qui ne s'occupoit que de la matiere, juge des eſprits, & les ſoumet à ſon examen.

Delà presque tous nos Ouvrages ont un fondement ruineux, & presque toutes nos amitiés une légéreté qui deshonore l'humanité. Delà notre ame, qui se croit sentiment, se matérialise, comme nous avons vu dans le Livre de l'Esprit, & nos passions se divinisent.

Mais laissons ces observations, qui n'entrent point dans notre plan, & voyons briller le choix des amis dans l'union de Tacite & de Pline. Quel assortiment d'humeur, quelle ressemblance de mœurs & de goûts! Ce sont deux ames qui se confondent, & qui n'ont de différence que la maniere de s'exprimer. On ne s'applique pas ordinairement à choisir ses amis, parce que le titre d'ami ne paroît pas asſez grand & aſſez magnifique pour être recherché : on lui préfere celui de *riche*, de *puiſſant*, d'*Excellence* & d'*Alteſſe*, comme s'il falloit beaucoup de mérite pour jouir des biens & des honneurs de ce monde. Cependant Pline le jeune s'eſt beaucoup plus illuſtré par les excellentes qualités de ſon cœur, que tous les Princes qui n'ont eu que leur grandeur en partage. Que j'aime à le voir rendre ſervice à ſes amis, à leur ouvrir ſes tréſors, à leur partager ſon crédit! Il ſemble qu'il n'a reçu un cœur de la nature que pour les chérir, une langue que pour les louer, une main que pour décrire leurs bonnes qualités & pour faire leur apologie : ſes Lettres ſeront à jamais une preuve authentique de la nobleſſe de ſon ame. C'eſt ainſi qu'on doit agir à l'égard de ſes amis, lorſqu'on les a bien choiſis.

La plupart des hommes choiſiſſent ordinairement mal, faute de connoître les défauts de leurs ſemblables. Il y a dans chaque perſonne des vices rélatifs à la nature, à la profeſſion, à l'âge & au ſiecle dans lequel on vit. Les vices de nature affectent les goûts, ceux de la profeſſion tombent ſur la maniere d'agir, ceux de l'âge regardent l'humeur, & ceux du temps n'ont rapport qu'aux uſages. Il faut être indulgent à l'égard des défauts attachés à l'âge des perſonnes, ou dépendants du ſiecle, parce qu'ils ſont preſque généraux; mais, en revanche, on doit beaucoup ſe défier des vices qui naiſſent avec les hommes, ou que leurs conditions différentes engendrent. J'appelle défauts de profeſſion, la dureté d'un Grand, l'orgueil d'un Miniſtre, l'ambition d'un Courtiſan. Il faut une ſurabondance de bon cœur, & une généroſité bien ſuréminente chez les gens en place, pour qu'ils puiſſent devenir amis. Auſſi les Philoſophes n'ont pas coutume de tourner leur amitié vers les cours; ils ſavent que l'Eſprit ſaint nous ordonne de ne pas nous confier aux Princes de la terre: *Nolite confidere in Principibus.*

Le choix qu'on fait d'une amie demande encore plus de réflexion que le choix d'un ami; car on peut dire, ſans vouloir outrager le ſexe, que la plupart des femmes capricieuſes, légeres, inquietes & puſillanimes, traitent l'amitié comme l'amour. Je conviens que ce n'eſt pas tant leur faute, que celle de la mauvaiſe éducation qu'on leur donne : car, au lieu de les appliquer à des études dont elles ſeroient capables, telles que la Géographie, l'Hiſtoire & la Morale, on laiſſe leur cœur & leur eſprit abandonnés à mille futilités. Il faut néceſſairement que les intrigues & les caprices entrent dans une tête qui n'a rien à méditer, & que les modes prennent la place des réflexions ſolides. L'homme de bon ſens connoît toutes ces miſeres, & il veut une double épreuve, lorſqu'il s'agit de donner ſa confiance aux perſonnes du ſexe, dont l'inconſtance & l'indiſcrétion ont ſouvent cauſé de grands malheurs.

On me dira peut-être que les femmes, à raiſon de leur tendreſſe naturelle, ſont plus propres à l'amitié; mais je répondrai que les amis n'ont pas beſoin d'une tendreſſe larmoyante, qui eſt plutôt une foibleſſe qu'une vertu, & que leur ſenſibilité doit toujours avoir quelque choſe de mâle. L'amitié ne veut, ni pleurs, ni plaintes romaneſques; & lorſqu'elle prend poſſeſſion du cœur des femmes, elle répand dans toutes leurs actions une certaine dignité, qui les rend compatiſſantes & généreuſes, ſans exciter le déſeſpoir & les ſanglots.

O vous! dont la jeunesse encore tendre & volage doit un jour se fixer, voulez-vous être heureux, ouvrez vos cœurs à l'amitié, fermez-les à l'amour. Enée & Didon, qu'on représente souvent à vos yeux, sont des exemples de trouble & de passion; Nisus & Euryale des modeles de paix & de vertu. L'amour alluma les vices, réduisit les Empires en cendre, énerva les talents; l'amitié lia les peuples, fit fleurir les arts & les mœurs. L'amour nous arrache à nos occupations, à nos devoirs, à notre propre félicité; l'amitié nous laisse jouir à l'aise de notre temps, de notre repos, de notre santé. Les Romans sont pleins des charmes de l'amour; les Histoires ne parlent que de ſes ravages & de ſes trahiſons; un amant rompt le nœud de ſa chaîne au moment même qu'il la baiſe; un ami le reſſerre aux dépens de ſa propre vie.

---

## *Des Moyens de devenir Ami.*

SI Ovide nous avoit enſeigné l'art de lier amitié, plutôt que de nous apprendre à faire l'amour, il auroit travaillé pour le bien public; mais il a voulu corrompre nos mœurs, & détruire notre félicité. L'amour a-t-il donc beſoin de préceptes pour s'exciter, lui qui, tout feu, dévore les cœurs & offuſque les eſprits, lui que le ſang fait fermenter d'une maniere terrible ? Nous le ſentons ce cruel amour ſoulever nos humeurs, & réveiller nos paſſions avec tant de véhémence, qu'il nous faut bien plutôt des maximes pour l'éteindre, que pour l'enflammer.

Les moyens de devenir ami ſont une pierre philoſophale pour bien des hommes. Ils les cherchent, ſans pouvoir les trouver. Mais comment les cherchent-ils ? Hors d'eux-mêmes, tandis qu'ils ſubſiſtent dans leur propre cœur. On ne ſe connoît point, on ne s'interroge point, & l'on abandonne tout ſon être, au lieu d'en jouir, à la diſſipation du monde & à ſes vanités. Combien d'hommes originairement bons, mais que le ſiecle a gâtés ! Ils avoient dans leur ame le véritable ſecret de l'amitié, & ils n'en ont pas ſu profiter. Les honneurs les ont éblouis, ou les richeſſes les ont poſſedés, de maniere que toute leur exiſtence ſe réduit à déſirer des dignités, ou à compter des écus.

L'homme, en général, n'eſt pas ſi mauvais qu'on ſe l'imagine communément. Ce n'eſt qu'en s'identifiant avec les uſages & les vices d'un ſiecle pervers, qu'il ſouille ſa premiere origine, & qu'il devient un monſtre composé de mille défauts pris çà & là. Nous ne pouvons donc mieux faire que de commencer par nous ſimplifier, c'eſt-à-dire, par purger notre eſprit & notre cœur d'un levain étranger, qui nous rend abſolument autres que nous ne ſommes : alors nous connoîtrons nos penchants, & nous les inclinerons vers la vertu avec bien moins de difficulté. Le point essentiel consiste à savoir quel est notre vice dominant, & on vient à bout de l'apprendre, quand on se voit sans complication & sans alliage. Si c'est l'orgueil, il faut s'humilier; & si c'est l'amour, il faut raisonner. Il n'y a qu'une grande attention à nous étudier & à nous corriger, qui puisse nous rendre dignes d'être amis.

Mais comment sonder un cœur qui est un abyme, & qui, tel qu'un caméléon, prend toutes sortes de couleurs? Il s'agit d'examiner s'il s'accorde avec la raison, & de juger de la raison par la loi. Cette regle excellente pour toutes nos actions, doit s'appliquer particuliérement à l'amitié. Il faut d'abord obſerver d'où naît l'envie qu'on a de ſe lier avec celui-ci plutôt qu'avec celui-là; & ſi l'on ſent que c'eſt par rapport à quelque vertu qui plaît, ce prélude annonce une heureuſe liaiſon. Mais ce début ne ſuffit pas : on doit enſuite voir ſi cette vertu qu'on admire n'exiſte point au milieu d'une multitude d'imperfections, & ſur-tout ſi l'humeur de la perſonne répond à ſa bonne qualité ; car, hélas! nous ſommes des aſſemblages de tant de contradictions, que très-ſouvent nous avons une vertu unique qui ſurnage dans une mer orageuſe.

D'ailleurs, on peut être fort vertueux, & n'être point fait pour être ami; car l'humeur & l'indifférence, deux vrais antagoniſtes de l'amitié, ſubſiſtent quelquefois chez un homme de bien. Ce n'eſt donc qu'en examinant une perſonne en détail, qu'on arrive à la développer, & à connoître ſi ſon mérite l'emporte ſur ſes imperfections, & ſi la tournure de ſon eſprit & de ſon cœur incline à l'amitié. Voilà, ſans doute, bien des précautions; &, malgré cela, l'ouvrage n'eſt encore fait qu'à moitié : car toute liaiſon étant réciproque, on doit pareillement ſe ſonder, & calculer, pour ainſi dire, ſes bonnes & mauvaiſes qualités, comme on a calculé celles des autres.

Il y a des antipathies d'âge, comme celle d'un jeune homme avec un vieillard, dont il faut toujours se défier. Nos goûts changent ainsi que les années, & ceux de la jeunesse, par conséquent, ne ressemblent point à ceux de la virilité. Je sais que par raison, ou par certaines inclinations qu'on ne peut définir, on rapproche quelquefois les distances les plus éloignées; mais je sais aussi que ces exceptions ne font rien contre la regle, & qu'une amitié entre deux personnes, dont l'une a vingt-cinq ans & l'autre soixante, est plutôt un état violent qu'une situation naturelle. Un jeune homme peut, sans doute, aimer bien sincérement un vieillard à titre de reconnoissance: mais la reconnoissance n'est pas l'amitié; car celle-ci est toute gratuite, & celle-

celle-là une véritable obligation.

Les amis réellement fideles paroiſſent, ſans doute, aux yeux des connoiſſeurs, des hommes merveilleux, & cependant j'oſe dire qu'ils ne ſont pour le particulier, que ce que tout honnête homme doit être pour le général. Ignorer toute diſpute, n'employer jamais aucune parole d'aigreur, ſe croire redevable à chacun, épier le moment d'obliger, ſavoir s'ennuyer à propos, rire avec ceux qui rient, pleurer avec ceux qui pleurent, rendre la complaiſance inſéparable de la ſincérité, étaler ſur ſon front une aimable ſérénité; tel eſt le devoir de tout homme ſociable, & tel eſt le code des amis : toute la différence conſiſte en ce que l'ami, après avoir répandu ces bonnes qualités dans le public, les resserre ensuite dans le particulier, & les applique toutes vers un objet que l'inclination & la vertu lui rendent précieux. D'où je conclus que tout homme digne d'être ami est nécessairement sociable, & qu'on doit se rire de certaines amitiés Angloises qui ne s'attachent qu'à une personne, & qui ont en aversion le reste du genre humain.

L'amour qu'on doit à tout le monde nous prépare donc à l'amitié, & même on peut dire qu'il en est l'introduction, quoique cet amour mal-entendu ait quelquefois engagé des hommes à chérir les uns & les autres indistinctement. Cette disposition, qui est plutôt une indifférence qu'un attachement, ne ſuppoſe, ni le diſcernement, ni les proportions qui doivent nous guider. Diſons mieux ; c'eſt une nonchalance de cœur, qui annonce qu'on n'a point de caractere, & que généralement on n'eſt bon à rien.

Si les jeunes gens n'avoient pas l'étourderie pour partage, on pourroit dire que leur cœur encore tout neuf, &, par conſéquent, exempt des grandes paſſions qui nous tourmentent, ſeroit très-propre à l'amitié : auſſi voyons-nous que les liaiſons cimentées dans les Colléges, durent ordinairement autant que la vie. Travaillons donc à reprendre, s'il eſt poſſible, cette naïveté & cette ſimplicité qui nous caractériſoient dans notre premiere jeuneſſe, & nous ſerons aſſurés de trouver des amis. Mais la corruption du ſiecle exige malheureuſement qu'on ſe défie de ſon ſemblable; & qu'en réſulte-t-il? la duplicité devient la politique dominante, & chacun ne penſe qu'à mettre ſa langue en contradiction avec ſon cœur. Quoi qu'il en ſoit, les hommes feront tout ce qu'ils voudront; mais les amis, qui, dans tous les temps, ſont toujours les mêmes, ſe contenteront d'être prudents. C'eſt cette prudence dont on doit ſurtout faire un grand uſage avant de former quelque union.

On ne doit pas s'imaginer qu'un homme penſe, en général, à devenir ami, à moins que l'occaſion ne s'en préſente. Les perſonnes nées pour cultiver l'amitié, ſe tiennent prêtes à l'embraſſer, & l'attendent; au lieu que les amants ſe déclarent tels, ſans avoir aucun objet fixe, & courent le chercher. Le hazard, par cette raiſon, fait en quelque ſorte plus d'amis que d'amants, & tout cela nous prouve que les vertus ſont auſſi tranquilles que les paſſions ſont inquietes. Ainſi les moyens d'être ami ne s'emploient que dans l'occaſion; de ſorte que ſi l'occaſion ne ſe préſente pas, ils ſervent au bien général de la ſociété.

---

### *Pourquoi l'on préfere ſouvent l'Ami au Parent.*

ON choiſit ſes amis, on ne choiſit point ſes parents. Les uns ſont l'ouvrage du cœur, les autres celui de la nature, & souvent la nature est aveugle. On doit sûrement aimer un parent, mille motifs y engagent; mais l'amour de devoir n'est pas celui d'inclination, & toutes les loix ne sauroient commander ce dernier, qui ne peut naître que d'une certaine sympathie. Combien de parents qui nous deviendroient étrangers, si nous pouvions nous en séparer décemment! Nous sentons que notre ame n'est point en liberté au milieu d'eux, qu'ils la contrarient & qu'ils la gênent.

Il n'en est pas ainsi de nos amis. Nous ne les avons adoptés qu'à raison d'un rapport de sentiments & d'idées, d'une convenance de goût. D'ailleurs, l'amour-propre, le grand mobile de nos actions, & qui se niche par-tout où il peut, se complaît à délibérer & à choisir, au lieu qu'il n'a rien à faire dans l'attachement qu'on doit aux parents. Nous aimons tellernent l'indépendance, qu'outre les antipathies de caractere & d'humeur qui existent très-souvent entre les proches, il suffit qu'on nous commande d'être ami, pour que nous ne le soyons pas. Mais quelle félicité, quand le cœur souscrit volontiers aux loix du sang! Je l'ai senti cette félicité. Hélas! plusieurs parents que j'ai perdus n'eussent pas été plus chers à mon cœur, quand même je les aurois choisis. Un assortiment d'humeur, une sympathie de sentiments, une maniere égale de penſer...... Mais ma douleur eſt trop profonde pour s'exhaler en des regrets, qui d'ailleurs ne pourroient qu'ennuyer mes Lecteurs : ainſi je me tais.

---

## *Des Bornes de l'Amitié.*

NOus naiſſons tous pour être hommes de bien, & nous ne naiſſons point pour être amis de celui-ci plutôt que de celui-là : donc le devoir ne peut ſe trouver en compromis avec l'amitié. Les Payens eux-mêmes l'ont reconnu : quelque étendue qu'ils donnent à l'amitié, ils l'ont ſcrupuleuſement aſſervie aux Loix divines & humaines. *Craindre Dieu, honorer*

*le*

*le Roi*; telle eſt la deviſe de tout honnête homme. La nature elle-même l'a gravée dans nos cœurs, de maniere qu'elle doit ſervir de modele à toutes nos affections.

Que deviendroit l'amitié, ſi elle pouvoit franchir les barrieres de la Religion & de la probité ! Ah! je friſſonne à cette ſeule idée. Les amis ſe changeroient en brigands, & les liaiſons particulieres bouleverſeroient les Royaumes. Mais c'eſt ſuppoſer l'impoſſible; car la vertu ne pouvant jamais ſe métamorphoſer en vice, l'amitié ne ſort point de ſes limites : elle arrête même les paſſions, lorſqu'elles oſent s'émanciper, & elle leur imprime un caractere de décence qui les fait reſpecter. L'ambition par ſes conſeils s'eſt ſouvent changée en émulation, la crainte en prudence, l'avarice en économie.

Il faut donc ſe faire gloire d'une rétractation d'amitié à l'égard de quiconque nous engage à des choſes illégitimes, & penſer que tout homme qui excite au mal, ceſſe dans ce moment-là même d'être notre ami. Cicéron a traité cette matiere avec cette préciſion philoſophique & cette éloquence naturelle, qui l'ont rendu l'oracle des Romains. L'eſprit & le cœur doivent ſe taire, quand la conſcience parle.

Tous les amis dont l'hiſtoire ſacrée & profane ont conſervé les noms, reſpecterent les loix de l'amitié comme des regles qui étoient elles-mêmes ſubordonnées à la religion & à la ſociété. L'amour de Dieu ne doit point être limité, parce que Dieu eſt infini; mais par la même raiſon l'amour des créatures doit avoir des bornes, parce que les créatures ſont finies. C'eſt extravaguer que de ſortir du cercle que décrivent les vertus.

Il y a des perſonnes qui s'imaginent qu'un ami a droit ſur tous les ſecrets de ſon ami; c'eſt une véritable erreur. Je ne puis, ni en conſcience, ni en honneur, dire à mon plus intime ami ce que l'homme le plus indifférent m'a confié. Le ſecret eſt une eſpece de confeſſion, qu'on ne doit jamais révéler. Mais comment l'amitié ne ſeroit-elle pas bornée, puiſque nos êtres, & tout ce qui les environne, ſont limités ? Notre eſprit s'arrête à chaque inſtant, notre cœur trouve tous les jours de la réſiſtance, notre corps n'occupe qu'un très-petit eſpace, & ce monde lui-même où nous vivons ſe meſure.

---

*Il eſt impoſſible d'avoir tous les hommes pour amis.*

S'Il y a mille occaſions où l'on ne dévoile point ſon eſprit, & où l'on aime mieux paſſer pour ignorant que de ſe donner la peine de parler, il y en a mille autres où l'on impoſe ſilence à ſon cœur, & où l'on n'éprouve aucun ſentiment. On ſait qu'ici ce ſeroit faire une dépenſe inutile d'eſprit, & que là ce ſeroit aimer à pure perte : ainſi l'on ſe concentre en ſoi-même, & on ne laiſſe échapper, ni idée, ni deſir. Cette maniere d'agir, plus commune & peut-être plus néceſſaire qu'on ne s'imagine, fait qu'une même perſonne paſſe pour médiocre ou pour ſublime, ſelon les ſociétés qu'elle fréquente. Si l'eſprit & le cœur ne ſont pas à l'aiſe, ils ne diſent mot : or, combien de coteries dans le monde où l'ame ne jouit point de ſa liberté !

Ces réflexions prouvent aſſez qu'il eſt réellement impoſſible d'avoir tous les hommes pour amis. Les ſiecles ſont encore à produire un homme univerſellement applaudi & chéri ; & il ne faut pas s'imaginer que c'eſt toujours à raiſon des défauts qu'on mépriſe ou qu'on hait une perſonne; les bonnes qualités ont plus d'ennemis que les vices. L'envie, cette paſſion toujours murmurante, frémit ſans ceſſe autour d'un mérite reconnu. Il ne faut ſouvent qu'un trait d'héroïſme, ou qu'un ouvrage excellent, pour ſuſciter une multitude d'adverſaires à un Héros & à un Auteur. Des cabales alors ſe déchaînent, & l'on vient à bout, par les interprétations les plus malignes, de décrier des chefs-d'œuvres. N'eſt-ce pas un crime pour bien des femmes d'avoir de la ſcience ou de la beauté ; & n'arrive-t-il pas tous les jours qu'une Dame devient un objet de dériſion, parce qu'elle aime la lecture, & qu'elle a le bonheur de penſer & d'écrire en Philosophe? L'empire des sots est si étendu & si ennemi du savoir, qu'on ne peut leur plaire qu'en devenant sot comme eux.

Combien d'exemples ne pourrois-je pas citer en témoignage? Mais laissons les ignorants pour ce qu'ils sont, & ne parlons que des demi-savants. On doit redouter leur espece comme la plus funeste aux gens d'esprit : ils ne peuvent les souffrir; & parce qu'ils ne comprennent, ni la profondeur de leur raisonnement, ni la sublimité de leur langage, ils crient & condamnent là où ils devroient admirer. Ont-ils quelque connoissance des loix, ils voudroient que tout le monde ne fût que légiste; ont-ils quelque teinture de Poésie, ils deſirent qu'il n'y ait dans l'univers que des Poëtes; ont-ils donné quelque ouvrage au Public, ils ne jugent de tous les Livres que par le leur : de ſorte qu'il n'y a pas de perſécuteurs plus réels du mérite, que ces ſortes de perſonnages, ſi l'on excepte les faux dévots, qui crient ſans ceſſe au ſcandale & à l'héréſie, qui interpretent tout en mal, & qui damnent, ſans appel, quiconque ne croit pas leurs opinions.

Les méchants par caractere, car il y en a, viennent à la ſuite des demi-ſavants & des bigots, & déclarent une guerre ouverte aux gens de bien. Ainſi le mérite doit ſouvent lutter contre les quatre eſpeces d'hommes que nous venons de citer; & malheureuſement, outre cela, il trouve quelquefois dans ſes panégyriſtes mêmes des perſonnes qui lui nuiſent en voulant l'obliger. Les louanges réveillent l'envie, & l'admiration ſe tait pour laiſſer parler la ſatyre; de ſorte que le Cardinal de Richelieu, ſi verſé dans la connoiſſance du cœur humain, diſoit avec beaucoup de fondement, qu'il *n'avoit pas grande idée d'une perſonne qui n'avoit point d'ennemis*, *parce que j'ai remarqué*, ajoutoit-il, *qu'il n'y a que les ſots dont on ne me dit point de mal.* Ce Miniſtre agiſſoit en conſéquence; car quelquefois il voulut connoître des hommes qu'on déchiroit en ſa préſence, & il les connut, les admira & les récompenſa.

Le monde fourmille de délateurs, qui n'ont point d'autre emploi que d'accuſer leurs freres. Quand on obſerve bien le genre humain, on le trouve moins ſociable que les animaux mêmes : auſſi ne ſuis-je point étonné que certains Philoſophes, frappés de ces miſeres, aient eu honte de leur propre eſpece. Si l'on ouvre les hiſtoires, on trouvera par-tout des hommes ſavants & vertueux en bute aux contradictions du ſiecle, & l'objet de ſa ſatyre. Quel eſt le Miniſtre dont on diſe généralement du bien? Il eſt encore à naître. Quel eſt l'Auteur qui plaiſe à tout le monde? L'univers n'a point encore vu ce phénomene. Les plus belles actions s'interpretent ordinairement en mauvaiſe part; de ſorte que, ſi l'on ne pratiquoit la vertu que pour plaire aux hommes, ce seroit la plus grande folie d'être vertueux.

Mais consolons-nous, si nous n'avons pas les suffrages de tout le monde, puisqu'il est indubitable que toute personne qui fait exactement son devoir, aura nécessairement des ennemis. On ne heurte point les passions impunément; de sorte que ces gens en place, dont chacun vante la bonté, n'ont souvent en partage que beaucoup de mollesse & de fadeur qu'on prend pour bienfaisance. L'arrêt est prononcé : Tous ceux qui veulent vivre pieusement, dit l'Apôtre, souffriront persécution.

Il me semble que ma proposition est maintenant plus que prouvée ; car non-ſeulement il eſt impoſſible d'avoir tous les hommes pour amis, mais il eſt impoſſible de n'avoir point d'ennemis, & ſouvent tant pis, ſi l'on n'en a pas : car, outre qu'on irrite les hommes, lorſqu'on fait ſon devoir, les ennemis ſervent à nous rendre plus exacts & plus circonſpects. Il n'y a point de perſonne dont on ne parle diverſement ; mais un ſeul ami dédommage de ces contretemps : vous le goûtez alors mieux que jamais, vous retrouvez en lui la juſtice que la prévention vous refuſe, & vous convenez enſemble que la haine des uns eſt quelquefois honorable, & celle des autres utile. J'aime beaucoup mieux la critique des méchants que leurs éloges.

### *Il n'y a point de véritable Amitié ſans Religion.*

LA Religion eſt, de l'aveu de tous les hommes, le lien le plus ſacré. Si celui-là ſe rompt, on ne doit donc pas s'étonner que l'amitié & la probité même faſſent naufrage. En vain la nouvelle Philoſophie veut anéantir cette vérité : quiconque reconnoît un Etre ſouverain, conçoit ſans peine que nos rapports avec cet Etre ſont certainement plus grands que nos liaiſons avec les créatures, qui, preſque toujours accidentelles, n'ont de force que celle que nous voulons bien leur donner. Oui, l'amitié eſt gratuite; mais l'amour de Dieu eſt une obligation, & cet amour ne ſauroit exiſter ſans culte. Ainſi, de conſéquence en conſéquence, on démontre qu'il n'y a point de véritable amitié ſans Religion.

Il ſuffit d'ailleurs d'examiner les caracteres de l'amitié que nous venons de parcourir, ces caracteres qui ne ſont point un jeu d'imagination, mais pris dans la nature de la choſe même. Ils nous convainquent que toute amitié ſans Religion ne peut être qu'un fantôme; & cela ſe prouve d'autant mieux, qu'un de ſes attributs les plus eſſentiels, eſt d'être religieuſe. Si nous détachons de nos eſprits l'idée d'un Dieu rémunérateur & vengeur, & ſi nous arrachons de nos cœurs le ſentiment de reconnoiſſance que nous lui devons, il n'y a plus en nous, ni amour, ni vertu, mais un instinct brutal qui n'a pour fin que des sensations ou des intérêts.

Je vais plus loin, & je soutiens que la spiritualité de l'ame s'évanouissant nécessairement où la Religion s'évanouit, l'amitié chez tout incrédule n'est plus qu'une impulsion machinale, qui se porte vers un grain de matiere, ou vers une goutte de sang; car si nous étions matériels, nos esprits ne seroient qu'un retentissement de fibres & de nerfs, ou qu'un élixir de sucs nourriciers. Quelle triste figure feroient les amis dans un pareil cas; & qui voudroit mériter l'attachement d'un impie, qui ne regarde les hommes que comme de purs automates! Il n'y a qu'une amitié toute pure & toute ſpirituelle qui puiſſe flatter les cœurs, parce que le cœur ſe ſent né, malgré les paſſions qui l'aſſiégent, pour aimer les choſes intellectuelles.

Ainſi l'amitié ſe trouve abſolument dégradée & même dénaturée chez tous ceux qui n'ont point de Religion; car elle n'a plus pour objet que quelques particules de matieres toutes ſemblables à la boue, quoique différemment configurées. Les liaiſons de nos eſprits forts ne ſont, en conſéquence de cette vérité, qu'un aſſemblage de préjugés qui combattent néceſſairement la ſincérité, la juſtice, la chaſteté, la bienfaiſance, la compaſſion, c'eſt-à-dire, les caracteres de l'amitié.

tié. Quel attachement que celui de deux perſonnes qui ſe croient matérielles! Le principe en eſt animal ainſi que la fin, & les ſentiments qui en émanent n'ont rien que de bas, de terreſtre & de mépriſable.

Comment, d'ailleurs, l'amitié, qui ne s'attache qu'à des objets fixes, & qui eſt incapable de varier, pourroit-elle ſe complaire dans la ſociété d'un Etre purement corporel? Il faudroit que chaque jour elle augmentât ou qu'elle diminuât, conformément à la ſituation des corps, qui tantôt s'affoibliſſent & tantôt ſe fortifient, &, ſelon ce principe, l'amitié, comme le pouls, dépendroit de la circulation du ſang.

Mais la choſe n'eſt pas poſſible, & les vrais amis auroient honte de s'aimer, s'ils ne ſentoient pas en eux une ſubſtance indeſtructible qui rend leur amitié réellement immortelle. Si tout finiſſoit à la mort, les hommes, qui périrent les uns pour les autres, furent donc bien inſenſés ; & les Epitaphes & les Elégies que nous admirons n'ayant pour objet que des chimeres, ne ſont que des menſonges & de fauſſes ſuppoſitions qu'on doit effacer.

Il s'enſuit qu'une amitié ſans Religion ne ſeroit qu'un attachement de quelques mois ou de quelques années, & qu'après la mort de ſes favoris, elle ne s'en ſouviendroit pas davantage qu'on ſe ſouvient d'un chien qui n'eſt plus. Cependant l'amitié conſiſte à ne jamais oublier, ni les morts, ni les vivants ; elle eſpere rejoindre dans une autre vie tous ceux qui lui ſont chers, & cette eſpérance fait ſa plus douce conſolation. Ceci n'eſt point un raffinement métaphyſique: toutes les Nations nous ont préſenté des héros de l'amitié, mais comme des perſonnages convaincus de pouvoir s'aimer éternellement, & de pouvoir ſe ſuivre les uns après les autres dans une région toute intellectuelle. Ce n'eſt qu'en conſéquence de cette perſuaſion qu'ils mettoient des bornes à leur douleur, quand la mort venoit les ſéparer.

Nos amis que nous avons vu diſparoître exiſtent donc dans eux-mêmes, encore plus que dans notre propre cœur. Ils ſont ce qu'ils étoient; leur ame n'a pas changé, excepté que plus pénétrante & plus active, elle pense sans l'entremise de la matiere. Quelles sublimes idées que celles de la Religion! Notre amitié, fondée sur ses principes, n'a rien que de grand & de lumineux, & elle est aussi généreuse & aussi sincere dans l'obscurité qu'au plus grand jour; tandis que les impies, qui osent se dire amis, ont des secrets ténébreux, des intrigues d'iniquité, des passions cachées, dont la publicité feroit souvent horreur. Je suis en droit de soupçonner tout le mal possible d'un homme qui vit sans Religion; mais je ne puis que bien penser d'un Chrétien qui écoute l'Evangile, & qui adore son Dieu.

Je dis plus; car je prétends que le Matérialiſte eſt inconſéquent, s'il eſt réellement homme de bien: que craint-il en effet, & qu'eſpere-t-il, lorſque les loix civiles ne ſauroient avoir priſe ſur ſa perſonne? La vertu comme le vice ne ſont à ſes yeux que le ſimple réſultat d'un grain de matiere, ou d'une goutte de ſang; & ne ſeroit-il pas ridicule de mettre de la diverſité entre deux effets ſi peu différents? On peut voir à la ſuite de ces horribles, mais juſtes conſéquences, ce que pourroit être une amitié ſans Religion. Mais, ſans avoir beſoin de philoſopher, nous avons vu les fruits de ces belles amitiés dans le complot formé par quelques-uns de nos Philoſophes modernes, d'anéantir toute croyance, & de réduire l'homme à la condition du quadrupede & du reptile : entreprife, qui, loin de fuppofer de véritables amis, ne nous montre que des cœurs pervers ennemis du genre humain. Car je demande s'il n'eft pas plus barbare & plus criminel d'arracher aux malheureux la confolation d'une autre vie, qui les foutient dans leurs miferes & les rend dociles, que de les dépouiller de leurs haillons, & de leur ravir leur dernier morceau de pain? Ah! quand on a des maximes contraires à tout le bien de la fociété, & qui ne tendent qu'à nous mettre horriblement mal avec nous-mêmes, on n'eft fufceptible d'aucune amitié, mais très-propre à former des cabales véritablement dangereuſes. Un cœur plein de paſſions, une conſcience ſans remords, un eſprit guidé par les ſophiſmes, ne viendront jamais à bout de former des amis, qui ne doivent exprimer que vérité, ſageſſe & candeur.

Malgré tout ce que j'ai pu dire dans cet Ouvrage à la gloire de l'amitié, j'ai perdu ma peine & mon temps, ſi cette précieuſe amitié ne vient elle-même graver dans les cœurs ce que j'ai tracé ſur une feuille que le vent emporte.

F I N.

# TABLE.



Fin de la Table.

www.ingramcontent.com/pod-product-compliance
Ingram Content Group UK Ltd.
Pitfield, Milton Keynes, MK11 3LW, UK
UKHW020554180726
13838UKWH00001B/241

9 782329 327662